W0297507

CRUSH IT !

Catalogage avant publication de Bibliothèque et Archives nationales du Québec et Bibliothèque et Archives Canada

Titre: Crush it!: exceller au-delà de vos espérances...: comment utiliser le pouvoir d'Internet et des réseaux sociaux pour transformer vos intérêts réels en entreprises réelles / Gary Vaynerchuk; traduction, Jocelyne Roy.

Autres titres: Why now is the time to crush it! Français | Passion. Web.

Noms: Vaynerchuk, Gary, auteur.

Description: Édition revue et augmentée. | Traduction de: Why now is the time to crush it!: cash in on your passion. | Publié antérieurement sous le titre: Passion. Web. ©2010.

Identifiants: Canadiana 20210052937 | ISBN 9782924973554

Vedettes-matière: RVM: Nouvelles entreprises. | RVM: Marketing sur Internet. | RVM: Stratégie de marque. | RVM: Médias sociaux—Aspect économique. | RVM: Succès dans les affaires.

Classification: LCC HD62.5.V3914 2021 | CDD 658.1/1—dc23

Adresse municipale:
Les éditions Un monde différent
3905, rue Isabelle, bureau 101
Brossard, (Québec), Canada
J4Y 2R2
Tél.: 450 656-2660 ou 1 800 443-2582
Téléc.: 450 659-9328
Site Internet: www.umd.ca
www.facebook.com/EditionsUnMondeDifferent
Courriel: info@umd.ca

Adresse postale:
Les éditions Un monde différent
C.P. 51546
Succ. Galeries Taschereau
Greenfield Park (Québec)
J4V 3N8

Cet ouvrage a été publié en anglais sous le titre original:
WHY NOW IS THE TIME TO CRUSH IT! CASH IN ON YOUR PASSION
Publié par HarperCollins Publishers, 10 East 53rd Street
New York, NY 10022

Copyright © 2009 par Gary Vaynerchuk
Tous droits réservés

© Les éditions Un monde différent ltée, 2021
Pour l'édition en français

Nouvelle édition

Dépôts légaux: 2e trimestre 2021
Bibliothèque nationale du Québec
Bibliothèque nationale du Canada
Bibliothèque nationale de France

Conception graphique de la couverture:
OLIVIER LASSER

Version française:
JOCELYNE ROY

Photocomposition et mise en pages:
ANDRÉA JOSEPH [pagexpress@videotron.ca]

Typographie: Garamond 13 sur 15,6 pts

ISBN 978-2-924973-55-4 (2e édition 2021)

(ISBN 978-2-89225-725-0, 1re édition sous le titre PASSION.WEB, 2010)

(Édition originale: ISBN 978-0-06-191417-1; ISBN 978-0-06-196914-0 [B & N edition])

Financé par le gouvernement du Canada | Canada

Gouvernement du Québec – Programme de crédit d'impôt pour l'édition de livres et l'aide à l'édition – Gestion SODEC.

IMPRIMÉ AU CANADA

Gary Vaynerchuck

EXCELLER AU-DELÀ DE VOS ESPÉRANCES…

CRUSH IT !

Comment utiliser le pouvoir d'Internet et des réseaux sociaux pour transformer vos intérêts réels en entreprises réelles

UN MONDE DIFFÉRENT

Table des matières

Remerciements

Ce livre n'aurait pas pu voir le jour sans la contribution de nombreuses personnes. Il y a d'abord et avant tout la merveilleuse famille qui m'entoure : mon épouse Lizzie, ma complice de toujours dont le soutien me permet d'accomplir tant de choses ; mes parents, Tamara et Sasha, qui sont toute ma vie et sans qui je ne serais pas la moitié de l'homme que je suis devenu ; ma sœur Liz et mon frère AJ, qui sont des amis très chers. J'ai adoré chaque seconde de notre enfance commune. Il y a aussi mes autres frères, Alex et Justin. Je vous aime les gars ! Et enfin, il y a mon nouvel amour, ma petite Misha, qui me donne une affection dont je ne soupçonnais même pas l'existence !

En plus de ma famille, il y a autour de moi une équipe de gens fantastiques qui m'ont beaucoup aidé : Brandon Warnke, mon meilleur ami, qui m'a donné la liberté dont j'avais besoin en tenant le fort de la Wine Library ; Bobby Shifrin, mon cousin, que je considère plutôt comme un grand frère et qui est l'un de mes amis les plus chers ; Matt Sitomer mon adjoint et ami qui m'aide plus que quiconque sur une base quotidienne, je lui en suis extrêmement reconnaissant et j'ai vraiment beaucoup de chance de le compter dans mon équipe. Erik Kastner et John Kassimatis m'ont fait découvrir le potentiel d'Internet et ont eu un énorme impact sur ma façon de voir le monde. Je les aime comme s'ils faisaient partie de ma famille.

Finalement, ce livre que vous êtes sur le point de lire n'aurait eu aucune chance de se retrouver entre vos mains sans l'extraordinaire équipe de HarperStudio. La fantastique Debbie Stier m'a entendu lors d'une conférence et s'est dit qu'elle me publierait ; l'avenir lui a donné raison. Son amitié et son appui constant tout au long du processus d'écriture font que ce livre est autant le sien que le mien. La vision de Bob Miller est derrière ce projet depuis les tout premiers débuts, lorsque je suis arrivé dans son bureau à l'improviste pour ensuite m'y attarder. À la seconde même où je me suis assis à Austin, au Texas, avec la fabuleuse Stephanie Land, j'ai su qu'elle allait m'aider à écrire ce livre. Je le voyais à son visage. Je savais que mon charme et mon charisme ne suffiraient pas à la convaincre, mais lorsqu'elle s'est rendu compte que j'étais partant, elle est montée à bord.

Un merci tout spécial à ces dames du Brooks Group : Caroline, Niki, Erica et, bien sûr, Rebecca ; vous êtes les meilleures et j'apprécie les efforts que vous avez fournis 24 heures sur 24, 7 jours sur 7. Merci à Peter Klein qui est non seulement un merveilleux beau-père, mais aussi un homme dont les idées m'ont été très utiles. Et enfin, ce livre ne serait pas ce qu'il est sans les commentaires judicieux de Travis Kalanick, qui m'a donné une rétroaction parfaite lors de la dernière étape.

À toutes ces personnes, je dis ma profonde gratitude.

CRUSH IT!

un

La passion est tout

Brûlez-vous d'accomplir quelque chose ? Cette passion vous consume-t-elle ? Restez-vous éveillé la nuit, la tête remplie d'un tourbillon d'idées et de rêves ? Êtes-vous prêt à tout faire pour avoir la possibilité de vivre exactement comme vous le voulez ? Si oui, vous avez de la chance. Vous êtes chanceux parce que vous vivez à une époque qui offre des occasions incomparables à tous ceux que la débrouillardise, la patience et les grands rêves caractérisent. Je le sais, car c'est tout ce que j'avais pour commencer.

Il y a trois ans, j'étais une anomalie, un gars doté de très peu d'aptitudes en technologie qui a utilisé des sites Web de médias sociaux tels que Facebook, Twitter et Tumblr pour créer une image personnelle valorisante et rentable. À cette époque, peu de gens étaient prêts à accepter que le monde des affaires et notre société changeaient, et si j'avais alors tenté de vous dire qu'on pouvait ériger une entreprise prospère qui apporte plus de bonheur que l'on en a jamais connu avec rien de plus qu'une passion et la volonté de travailler avec acharnement, vous ne m'auriez sans doute pas cru. Toutefois, aujourd'hui, les occasions sont innombrables – je crois qu'il n'y a pas encore suffisamment de gens qui ont réalisé à quel point la société, le monde des affaires, et même Internet ont changé – et mon histoire est sur le point de devenir beaucoup moins insolite. Si une passion vous habite, cela pourrait bien devenir votre histoire à vous aussi, en beaucoup moins de temps et pour beaucoup moins d'argent.

Tout est allé très vite. Voici comment. J'ai contribué à faire passer le chiffre d'affaires du petit magasin de vins et spiritueux de mon père, Shopper's Discount Liquors, de 4 à 50 millions de dollars en l'espace de 8 ans (1998-2005). J'en suis fier. Mais outre un travail colossal, il a fallu investir des millions de dollars en publicité dans le *New York Times*, *Wine Spectator* et d'autres publications, ainsi que dans des stations de radio et la chaîne de télévision locale. Comparez cela avec le moment où j'ai commencé à créer mon image personnelle en 2006 – jusqu'à maintenant, cela m'a coûté beaucoup moins d'argent (moins de 15 000 $) que de sueur, et je ne me suis jamais autant amusé. Vous êtes capable de suer, n'est-ce pas ? Vous n'avez peut-être pas de relations d'affaires, d'éducation ou d'argent, mais avec une passion et beaucoup de travail, vous pouvez réaliser n'importe quoi.

Trois règles

Vous avez peut-être choisi de lire ce livre parce que vous voulez connaître le secret de mon succès. Eh bien, ce secret, c'est que je vis selon trois règles très simples :

1. Aimez votre famille.
2. Travaillez avec acharnement.
3. Vivez votre passion.

Voilà. Remarquez que je n'ai pas mentionné Internet ni les outils que sont les médias sociaux pas plus que la technologie, même si tout cela a joué un rôle crucial dans tout ce que j'ai accompli au cours des dernières années. C'est que je mesure mon succès au bonheur que je ressens, et non à la taille de mon entreprise et à l'argent que j'ai gagné. Et en respectant ces trois règles, je suis parfaitement heureux.

Vous ne me croyez pas ? Vous croyez que ce n'est pas possible ? Je vous jure que ça l'est.

Si vous ne vivez pas déjà selon le premier principe, consacrez-vous-y, car tout ce que je vous dirai dans ce livre ne vous servira à rien si vous ne prenez pas soin de votre famille. Elle doit toujours être votre principale préoccupation. Mais si vous respectez cette priorité, que vous travaillez dur, et que vous n'êtes tout de même pas parfaitement heureux, c'est probablement parce que vous ne vivez pas votre passion. Et je vous l'affirme, mes amis, même si cela ne représente qu'un tiers du secret de mon succès, c'est la clé si vous voulez revendiquer votre place dans le nouveau monde des affaires.

Vivez votre passion. Mais qu'est-ce que cela signifie au juste ? Cela veut dire que lorsque vous vous levez pour aller travailler, chaque matin, vous êtes fébrile parce que vous allez vous attaquer à ce qui vous intéresse le plus dans la vie. Vous n'attendez pas impatiemment la période des vacances parce que vous n'en avez pas besoin : le travail, le jeu et la détente ne sont qu'une seule et même chose. Vous ne prêtez même pas attention au nombre d'heures que vous accordez au travail, parce que ce n'est pas vraiment du travail. Vous gagnez de l'argent, mais vous feriez tout aussi bien la même chose gratuitement.

Cela vous ressemble-t-il ? Vivez-vous, ou gagnez-vous seulement votre vie ? Vous réservez beaucoup de temps au travail, alors pourquoi le gaspiller à faire autre chose que ce qui vous plaît le plus ? La vie est trop courte pour cela. Vous vous devez à vous-même d'apporter des changements significatifs dans votre vie afin de l'améliorer. Il suffit d'aller en ligne et de commencer à utiliser les outils qui vous y attendent.

Ce qu'il vous faut savoir

Dans cet ouvrage, je vous expliquerai, étape par étape, comment utiliser le réseautage social sur Internet et y puiser ce qui fait vibrer votre monde – cette activité à laquelle vous vous adonneriez constamment si vous le pouviez, ce sujet dont vous ne tarissez pas de détails, ce produit que vous aimeriez faire entrer dans tous les foyers – et vous en servir pour créer non seulement une entreprise, mais aussi une puissante image personnelle qui deviendra votre gagne-pain et, plus important encore, vous apportera tout le bonheur dont vous puissiez rêver. Pour ceux d'entre vous qui vivent déjà votre passion, mais qui brûlent de pousser votre entreprise un peu plus loin, vous trouverez ici des idées fraîches pour y parvenir, tout comme quiconque s'intéresse à la création d'une forte identité de marque pour un produit ou un service déjà existant.

Voici quelques-uns des sujets que j'aborderai :

- Comment bien canaliser votre passion dans un blogue qui sera suivi par des milliers de personnes intéressées à votre image personnelle.
- Ce à quoi ressemble vraiment un tourbillon d'activité.
- Comment attirer l'attention d'annonceurs avides de vous verser un pourcentage des milliards de dollars qu'ils touchent en revenus publicitaires.
- Pourquoi la création d'une image personnelle par le biais des médias sociaux est essentielle à la survie et à la progression professionnelle, quel que soit votre champ d'activité ?
- Pourquoi vous devriez envisager d'ériger une entreprise autour de votre image personnelle et laisser votre emploi actuel même si vous y êtes heureux.
- Comment le réseautage social peut vous fournir les données dont vous avez besoin pour découvrir les nouvelles tendances et des occasions d'affaires.
- Pourquoi les réseauteurs sociaux astucieux font d'excellents invités à des cocktails, et comment vous pouvez devenir l'un d'eux.
- Comment monétiser votre interaction avec chaque personne à qui vous parlez en ligne.
- La meilleure stratégie de marketing qui n'ait jamais vu le jour.
- Où aller pêcher diverses sources de revenus.

- Comment les entreprises devraient utiliser les médias sociaux pour modeler leur histoire et renforcer leur marque.
- Comment créer un héritage, qui est toujours supérieur à des devises et qui constitue le mortier d'une marque et d'une entreprise prospères et durables.

Les médias sociaux donnent aux entrepreneurs et aux entreprises une occasion sans précédent de rejoindre la clientèle et de lui transmettre leur message. Ceux qui arrivent à combiner leur passion à ces outils d'une portée et d'une puissance incroyables seront à même d'en tirer profit d'une manière que le monde n'a encore jamais vue.

Le jeu a changé

Tout le monde sait que le réseau Internet est l'un des plus importants changements culturels à survenir depuis l'invention de l'imprimerie, mais je crois que la société a mis du temps à comprendre qu'il représente aussi la plus importante transition de l'histoire dans la façon de faire des affaires. Plus que jamais. Au début, c'était un havre pour les maniaques de la programmation, mais il s'est transformé en résidence secondaire pour la majorité des Américains, qui passent non seulement d'innombrables heures à faire des achats en ligne, mais qui alimentent aussi de plus en plus leur vie sociale au moyen de sites de réseautage tels que Facebook, YouTube, Flickr, Tumblr et Twitter.

Il est donc tout à fait sensé que là où les yeux se dirigent, là doivent également s'orienter les affaires. L'argent va là où les gens vont. D'ailleurs là où il y a un public, les annonceurs sont impatients de suivre. Ces derniers avaient l'habitude de dépenser leur argent dans les médias traditionnels – radio, télévision, journaux et magazines. Ces plateformes sont actuellement en train de perdre la cote devant la dominance d'un univers virtuel qui grandit de seconde en seconde, et de nombreuses entreprises médiatiques n'ont jamais adopté le modèle de gestion plus allégée dont elles avaient besoin pour survivre. Elles ont disparu. Si les entreprises médiatiques traditionnelles qui sont encore vivantes ne s'ajustent pas à ce nouveau concurrent, nos enfants les examineront dans des musées dans 30 ans, avec la même curiosité qu'ils réservent actuellement aux squelettes de dinosaures et aux fossiles.

Je ferai beaucoup d'affirmations audacieuses dans cet ouvrage, mais je vous assure que je ne tente pas ainsi de vous provoquer. Tout ce que je dis repose sur une mûre et longue réflexion.

Les annonceurs et les entreprises doivent dépenser de l'argent pour demeurer en vie, alors pourquoi ne vous consacreraient-ils pas ce budget? En créant une image personnelle au moyen des réseaux de médias sociaux, vous leur faites pratiquement une faveur. Étant donné que le seul investissement requis pour utiliser ces sites afin d'ériger une entreprise est minime en matière de temps et d'efforts, ces plateformes sont ouvertes à quiconque a l'audace d'entrer dans le jeu. Comme vous, n'est-ce pas ?

Pas d'excuses

Mais, Gary, me direz-vous peut-être, ma passion n'a rien d'aussi extraordinaire et conviviale que le vin. Je suis un adepte de *World of Warcraft*. Je suis obsédé par la danse du ventre. Je mets régulièrement ma femme en furie parce que je préfère plus que tout m'enterrer dans le sous-sol avec mes amis et jouer aux cartes. Je veux ériger une entreprise, mais il n'y a pas d'argent à faire avec ce que j'aime. De plus, j'ai un loyer ou une hypothèque à payer, des enfants et des parents âgés, des prêts et des frais de scolarité à rembourser et des paiements à régler pour la voiture.

Ouais ! Eh bien, sachez que c'était la même chose pour Perez Hilton et Ze Frank et Veronica Belmont et Heather Cocks et Jessica Morgan (gofugyourself.typepad.com). Ils ont littéralement confié leur passion au Web, et vous aussi pouvez le faire. Maintenant.

Mais, Gary, quelqu'un pourrait-il ajouter, n'avez-vous pas écouté les nouvelles ces dernières années ? L'économie en a vu de toutes les couleurs, beaucoup de gens ont perdu leur emploi, les consommateurs ne dépensent plus comme avant, et les annonceurs sont beaucoup plus conservateurs qu'autrefois. Je lis ce livre afin de me préparer à ce jour où je serai certain qu'il est opportun de créer une entreprise.

Le moment n'est jamais mal choisi pour créer une entreprise, sauf si vous lancez une entreprise médiocre. Je crois que la phase descendante que l'économie a connue représente une excellente occasion pour quiconque se concentre sur sa passion et entreprend de l'exploiter. La personne qui arrive à se démarquer lors de temps difficiles est une personne qui peut se démarquer, point final. Oui, nous avons vu beaucoup d'entreprises fermer boutique au cours des dernières années, mais si elles avaient offert *un produit ou un service pertinent et distinct*, si elles avaient fait preuve d'une plus grande faculté d'adaptation et, surtout, si elles avaient su comment raconter leur histoire, leurs portes seraient encore ouvertes.

Je sais que ce n'est pas une chose très populaire à dire, mais je crois qu'une fois que vous aurez lu encore quelques pages et compris comment notre culture a changé et ce que la prochaine génération – qu'elle soit composée d'entrepreneurs ou non – devra faire pour faire sa marque, vous serez d'accord avec moi. Des périodes économiques prospères comme celle qui vient de s'achever maintiennent à flot des entreprises qui auraient dû couler longtemps auparavant. Une fois que le vent tourne, il n'y a de place que pour les meilleures.

Quel genre d'entreprise prévoyez-vous créer, une entreprise médiocre ou une entreprise exceptionnelle ? Vous connaissez la réponse. Suivez les conseils que je donne dans ce livre et votre entreprise survivra et sera rentable aussi longtemps que vous le désirerez. De plus, vous connaîtrez sur le plan professionnel un bonheur que vous n'aviez même pas imaginé dans vos rêves les plus fous.

Peut-être êtes-vous sans emploi et pensez-vous que vous pourriez explorer chaque jour certaines des idées exposées ici après avoir envoyé votre curriculum vitæ et fait quelques appels téléphoniques (soit dit en passant, le CV traditionnel est sur le point de tomber en désuétude, mais j'y reviendrai plus tard). Mais dites-moi : vous précipitiez-vous hors du lit le matin pour aller faire ce travail que vous avez perdu ? Si ce n'est pas le cas, pourquoi cherchez-vous un autre emploi similaire ? Une occasion incroyable s'offre à vous. Mettez à profit tout ce temps libre pour vous réinventer ou vous engager sur une voie totalement différente de celle où vous chemíniez auparavant, une voie au bout de laquelle ne se trouve pas qu'une montre sur laquelle seront gravés les mots : « Merci pour vos nombreuses années de service », ainsi qu'un repas d'adieu du type « pré et marée » après lequel on vous enverra à la retraite. Vous pouvez faire mieux si vous êtes prêt à vivre et à respirer votre passion. Faites-le, et vous ne ferez plus la différence entre votre vie professionnelle et votre vie personnelle. Vous vivrez, c'est tout, et vous adorerez ça.

Mais ce livre est également destiné à ceux d'entre vous qui travaillent et qui sont même heureux sur le plan professionnel. Croyez-moi, si vous voulez demeurer compétent et concurrentiel au cours des années à venir – peu importe que vous évoluiez dans les domaines du commerce, de la technologie, des finances, de l'édition, du journalisme, de la planification d'événements, du développement des affaires, de la vente au détail, des services, etc. –, vous devrez toujours vous perfectionner et améliorer votre image personnelle. Chacun de nous – CHACUN DE NOUS – doit commencer à penser à lui-même en tant que marque. Ce n'est plus une option ; c'est devenu une nécessité.

Mon ADN a fait que j'ai voulu créer une entreprise et la développer pour conquérir le monde, écraser la concurrence et acheter les Jets de New York. Et un grand nombre d'entre vous qui lirez ce livre et constaterez ce que j'ai fait vous direz: *« Ouah! C'est impressionnant! »* J'ai probablement beaucoup de choses en commun avec vous. Et si ce n'est pas le cas, je crois quand même pouvoir vous aider. Peut-être votre ADN est-il totalement différent du mien. Peut-être n'aspirez-vous qu'à vivre tranquillement, à subvenir aux besoins de ceux que vous aimez, à préparer votre avenir et à ne pas vous faire trop de souci. Peut-être êtes-vous casé. Le salaire moyen aux États-Unis se situe entre 40 000 et 50 000 dollars. Vous pouvez toucher ce salaire en faisant un travail que vous aimez ou un travail que vous détestez. Je vous en prie, optez pour l'amour!

Bien entendu, l'argent et la sécurité d'emploi ont leur importance, et je suis parfaitement conscient du fait que de nombreuses personnes vivent d'un chèque de paie à l'autre. Permettez-moi de répéter que le processus dont je vais vous parler exige beaucoup de temps, d'efforts et de détermination, mais peu d'argent, ou même parfois pas du tout. C'est cela, mes amis, qui change la donne; tout le monde a une chance, et non plus uniquement les bien nantis.

L'arène vous appartient

Que faire si vous n'avez aucun flair pour les affaires? Ne vous en faites pas; les habiletés ne coûtent pas cher, la passion n'a pas de prix. Si vous êtes passionné par votre sujet, que vous le savez et que vous y excellez mieux que quiconque, vous avez le potentiel requis pour créer une entreprise millionnaire, même si vous n'avez pas de compétences formelles en affaires. Voici pourquoi. Supposons que vous adorez la pêche et que vous vous y connaissez en vers. En fait, vous êtes quelque peu embarrassé par cette passion et le plaisir que vous prenez à en parler. Mais il est impossible de gagner de l'argent avec des vers, n'est-ce pas ? Faux. Vous pouvez utiliser Internet pour créer une plateforme sur laquelle vous parlerez de vers en quantité. La passion est contagieuse. Si vous la canalisez, si vous créez un contenu remarquable et que vous distribuez ce matériel par le biais des médias sociaux dont je traiterai dans cet ouvrage, quelqu'un comme moi qui vibre au rythme de la création d'entreprise finira par vous découvrir et deviendra un amateur. Le jour où je vous entendrai dire que vous utilisez un type de ver particulier qui vous permet de capturer 80 % plus d'achigans qu'avec un ver ordinaire, j'y verrai une occasion d'affaires et je communiquerai avec vous. Ensemble, nous créerons une émission en ligne, un blogue écrit ou un balado audio sur le thème de votre passion afin de rejoindre le marché de la pêche, une industrie milliardaire. Nous lancerons un contenu, et les gens seront immédiatement attirés par celui-ci. Nous créerons une communauté en tirant parti de tous les outils et techniques des médias sociaux qui sont à notre disposition, nous investirons le plus grand nombre d'heures possible et, très bientôt, la plus grande entreprise de leurres de pêche du pays nous demandera d'afficher sa publicité sur notre site.

À partir de là, le bouche à oreille fera son œuvre et générera de nouvelles sources de revenus, et l'argent coulera *à flots* ! Votre passion pour les vers, jumelée à ma passion pour les affaires, donnera inévitablement naissance à une entreprise virtuelle prospère. Grâce à l'accessibilité et à la portée des médias sociaux et à leur gratuité, tout le monde peut y arriver. Le Vendeur Victor qui a adoré travailler chez Blockbuster doit trouver la Perle Rare Gérard, l'admirateur de Fellini, pour ériger une entreprise millionnaire de critique de cinéma. Joanne la Joggeuse qui tient une chronique sur son entraînement de marathonienne doit trouver le Spécialiste du Marketing Marvin pour créer un blogue sur la course à pied qui fera un malheur et qui attirera Nike à titre de commanditaire. Il y a de la place pour tout le monde dans l'univers des médias sociaux, ce qui revient à dire qu'il y a de la place pour tout le monde dans le monde des affaires d'aujourd'hui.

MÉDIA SOCIAL
=
ENTREPRISE.
POINT FINAL.[1]

Tout le monde gagne dans ces scénarios. Gérard et Joanne peuvent sembler y être les grands gagnants parce qu'ils en retirent une certaine notoriété, même s'ils évoluent dans les coulisses. Et si Victor et Marvin vivent leur passion, croyez-moi, c'est très intense. De fait, de la notoriété que le Web m'a donnée, à mes apparitions à la télé nationale, en passant par la couverture médiatique dont j'ai fait l'objet, c'est dans l'ombre que la création de mon image personnelle m'a apporté le plus de bonheur.

1. Vous voulez que je vous explique plus en détail ce concept global et non conventionnel ? Envoyez-moi un courriel en anglais à gary@vaynermedia.com.

Peut-être vous dites-vous en lisant ceci : *C'est génial, je suis un homme d'affaires. Je n'ai pas besoin de me découvrir une passion. Il suffit que je trouve quelqu'un qui est passionné et que j'utilise son idée pour créer une entreprise.* Peut-être. Si votre passion, votre véritable passion, n'est pas la création d'entreprise, ni le marketing, ni la vente, vous devez la définir précisément et agir en ce sens. Sinon, vous échouerez. Toutefois, si la création d'entreprise vous passionne, il se peut que vous n'ayez pas besoin de partenaire. Je n'en ai pas eu besoin.

Il ne tient qu'à vous

Les messages livrés dans ce livre sont intemporels. Faites ce qui vous rend heureux. Misez sur la simplicité. Renseignez-vous. Travaillez dur. Pensez à l'avenir. N'oubliez pas que lorsque j'ai lancé Wine Library TV en 2006, Facebook était encore un jeu de collégiens. Je ne voulais pas être le sale type qui vendait du vin à des mineurs, et je ne pouvais donc pas utiliser cet outil pour promouvoir mon émission en ligne. Twitter venait de naître et personne ne savait ce que c'était au juste. Cependant, une fois que ces plateformes ont gagné en popularité auprès de l'ensemble de la population, je les ai prises d'assaut et j'ai su comment les exploiter. Mais elles n'ont fait que précipiter mon succès, elles ne l'ont pas créé.

Gardez ceci à l'esprit lorsque vous commencerez à mettre vos rêves et vos plans à exécution. Les outils dont nous parlerons dans cet ouvrage répandront vos idées et donneront à votre image personnelle beaucoup plus de poids en beaucoup moins de temps et pour un investissement moins important que vous n'auriez pu le faire avec une autre approche, *mais ils ne seront jamais meilleurs que la personne qui les utilise.*

Leur pouvoir n'a aussi d'égal que leur plus récente incarnation. La technologie, l'innovation et la demande des consommateurs évoluent de pair à un rythme tellement frénétique que lorsque vous aurez terminé la lecture de cet ouvrage, certaines des fonctionnalités et la portée de ces plateformes auront déjà changé. Mais quels que soient les changements mineurs qui s'opéreront dans l'interface-utilisateur ou les caractéristiques individuelles de ces outils, ils ne transformeront pas la situation dans son ensemble – vous pouvez astiquer votre voiture, mais cela ne changera pas votre façon de la conduire. Ces outils vous conduiront à votre auditoire, et vous pourrez ensuite le suivre, le rejoindre et l'amener à vous écouter.

Je peux vous montrer comment utiliser les médias sociaux pour ensemencer un potager ou construire une nouvelle maison. Certains d'entre vous veulent devenir maires de leur ville, et je peux vous y aider. Que votre but soit modeste ou que vous ayez la folie des grandeurs, vous devrez continuer à travailler, à vous ajuster et à apporter des améliorations lorsque je ne serai plus là. Peu importe le succès que vous remporterez, vous ne pourrez vous asseoir sur vos lauriers, car les mauvaises herbes envahiront votre potager, la peinture des murs de votre maison commencera à peler, et les rues de votre ville se zébreront de craquelures. Cessez de vous démener, et tout ce que vous aurez appris ici deviendra inutile. Si vous voulez réussir, il ne tient qu'à vous.

Changez l'eau en vin

Voici ce que je vous propose : si vous êtes vraiment déterminé, l'argent est là, le succès est là, et la réalisation est là. Il suffit de vous servir. Donc, cessez de geindre, cessez de pleurnicher, cessez de vous trouver des excuses. Si vous travaillez déjà à plein temps, vous pourrez accomplir beaucoup de choses entre 19 heures et 2 heures (ou entre 21 heures et 3 heures si vous avez des enfants). Apprenez donc à aimer travailler la nuit. Je vous promets que vous n'aurez aucune difficulté à le faire si vous vous consacrez à ce que vous aimez plus que tout. Ça m'est égal si votre passion est de sauver les furets abandonnés, mais si vous apprenez à tirer parti du monde numérique, vous pourrez changer l'eau en vin. Vous pourrez transformer ce que vous aimez en une entreprise très rentable que vous pourrez laisser en héritage, tout en demeurant cohérent avec vous-même.

En fin de compte, le but de cet ouvrage n'est pas de vous rendre millionnaire, bien que cela soit possible. Il se propose plutôt de vous garantir le bonheur en vous donnant la possibilité de vivre chaque jour avec passion et de manière fructueuse. Faire des affaires, ce n'est pas uniquement gagner de l'argent, et si vous croyez que c'est le cas, vous êtes fauché d'avance. Si vous connaissez déjà les outils de marketing social dont nous parlerons dans cet ouvrage, j'espère que vous saurez conserver une vision globale de la situation. Il est tellement facile d'oublier ce qui compte vraiment une fois que l'on creuse profondément dans ces tranchées.

Apprenez à naviguer dans les eaux numériques du marketing social afin de créer une entreprise et de promouvoir une image personnelle fondée sur ce que vous aimez le plus, et vous seul pourrez alors délimiter vos frontières. Les médias sociaux et leurs outils – Facebook, Twitter, Flickr, etc. – sont des galions de l'ère moderne qui vous conduiront vers le nouveau monde, vous permettront de partager votre passion, de vous démarquer de la concurrence et de vous faire connaître du plus grand nombre de gens possible.

Le secret de mon succès ne repose que sur une façon de faire les choses qui n'appartient qu'à moi, mais suivez mon exemple – en tenant compte bien sûr de votre ADN – et vous connaîtrez le bonheur parfait.

deux

Le succès est déjà inscrit dans votre ADN

Je suis une contradiction vivante. Personne n'a plus de confiance en soi que moi, et je suis pourtant très conscient du peu d'importance que j'ai. Je me moque éperdument de ce que les gens pensent de moi, mais je prête attention à ce qu'ils disent et je respecte leurs propos. Lorsque des internautes font des commentaires sur un récent épisode de Diggnation (l'un des plus importants vidéoblogues qui existent sur Internet) et disent que j'ai été odieux dans les forums, je reste debout jusqu'à 4 heures du matin afin de m'excuser auprès de chacun d'eux. J'adore créer des entreprises et prendre des risques, mais si j'accorde tant d'importance à l'argent, c'est uniquement parce qu'il m'en faudra beaucoup lorsque j'achèterai les Jets de New York. (Ce n'est pas une blague; je veux vraiment en devenir le propriétaire! J'ai commencé à caresser ce rêve lorsque j'étais en troisième année.)

ABC News a parlé de moi comme du « sommelier des médias sociaux », Slate m'a qualifié de « gourou du vin de l'ère de YouTube » et *Nightline* m'a nommé « l'amoureux des vins à la Wayne's World ». Et bien que mon histoire soit d'une certaine manière on ne peut plus typique de celle de l'immigrant qui a réussi, c'est également une histoire peu connue, non seulement parce que la technologie qui l'a rendue possible n'existe que depuis quelques années, mais aussi parce que personne d'autre que moi n'a mon ADN.

Pour un homme d'affaires, je parle beaucoup d'ADN, et ce livre ne fera pas exception à la règle. Je crois fermement que la voie qui mène à la prospérité se trouve littéralement inscrite dans la structure de la double hélice que forme l'ADN. En fait, je devrais probablement attribuer à ma mère et à mon père le succès de Wine Library TV, le vidéoblogue dédié à la dégustation du vin qui m'a fait connaître dans l'univers du marketing social. Ce sont mes parents qui m'ont transmis cet ADN qui m'a permis de propulser ma carrière vers des sommets prodigieux. D'un autre côté, beaucoup de gens ambitieux héritent à la naissance d'un ADN fantastique et finissent pourtant par se retrouver frustrés, misérables et coincés dans un cul-de-sac professionnel. Pourquoi ? Parce qu'ils n'ont pas fait ce qu'ils aimaient plus que tout au monde ; ils n'ont pas fait ce à quoi ils étaient destinés.

Vous devez être authentique

J'ai eu de la chance. Très jeune, j'ai compris et accepté ce que me dictait mon ADN, c'est-à-dire que je travaillerais avec les gens et que je créerais des entreprises. Ce sont mes passions depuis toujours. Je savais que j'étais fait pour être un entrepreneur et je n'ai jamais essayé de devenir autre chose, comme le prouvent les bulletins scolaires remplis de D- et de F- que je rapportais à la maison et qui mettaient ma mère en furie. Même si je détestais voir ma mère pleurer, je savais que je devais être moi, et si cela voulait dire cacher le *Beckett Baseball Guide* dans mon manuel de mathématiques pendant la classe pour me préparer à mon prochain échange de cartes de baseball, eh bien c'était ainsi.

Cependant, trop de gens ne tiennent pas compte de leur ADN, et ce, pour se conformer aux attentes de leur famille ou de la société. Beaucoup de gens décident également que le succès professionnel doit répondre à un stéréotype quelconque. C'est ainsi qu'un individu né pour concevoir des bicyclettes devient avocat, ou qu'une personne qui adore faire des expériences avec le maquillage passe ses journées à vendre les marques excessivement chères de quelqu'un d'autre dans des centres commerciaux d'un bout à l'autre du pays, ou qu'un individu qui ne peut passer une journée sans noter des idées pour son prochain poème consacre la majeure partie de son temps à tenir la barre d'un service de dépannage informatique. À mon avis, c'est insensé.

Je mourrais d'envie d'écrire ce livre, non pas parce que je crois pouvoir aider tous ceux qui veulent devenir millionnaires – quoique j'en serais probablement capable –, mais parce que cela me rend fou de savoir qu'il y a encore des gens qui n'ont pas compris qu'il existe autre chose que le *statu quo*. Il n'y a pas de raison pour que les gens qui vivent actuellement aux États-Unis ou n'importe où ailleurs passent leur vie entière à faire un travail qu'ils détestent, ou même à occuper un emploi qu'ils n'aiment pas, uniquement pour toucher un chèque de paie ou dire qu'ils assument leurs responsabilités. Le réseau Internet permet à tous d'être à 100 % cohérents avec eux-mêmes et de gagner beaucoup d'argent en transformant ce qu'ils aiment le plus au monde en une image personnelle. Il n'est plus nécessaire qu'il y ait une différence entre ce que vous êtes et ce que vous faites.

Maintenant, aussi caressante et chaleureuse cette exhortation à trouver le bonheur puisse-t-elle paraître, ne faites pas d'erreur. Si vous faites les choses comme je vous dis de les faire, vous travaillerez plus dur que vous n'avez jamais travaillé au cours de votre vie. Mais je suis d'avis que les épreuves forment le caractère. Ma famille est partie de rien et cela l'a bien servie. C'est ce qui m'a donné l'ardent désir de tout avoir, et la sagesse de savoir que rien de tout cela ne compte. En fait, je suis persuadé que si les choses avaient été un peu plus faciles au début pour ma famille, je ne serais pas là où je suis aujourd'hui. Pour raconter cette histoire, je dois remonter au siècle dernier.

Notre arrivée en Amérique

Ma famille est venue du Belarus, qui faisait autrefois partie de l'Union soviétique, en 1978. Mon père, Sasha, a été inspiré par un grand-oncle qui avait émigré aux États-Unis plusieurs années auparavant. Il était venu rendre visite à sa sœur au Belarus et c'est ainsi que mon père a appris que l'Amérique était un endroit où l'on pouvait vivre selon ses propres règles et où il n'était pas nécessaire d'attendre six heures en file pour acheter une miche de pain. Entrepreneur de nature, mon père a compris que l'avenir de sa famille se trouvait là-bas. En tant que Juifs, nous bénéficions d'une permission spéciale pour demander l'asile politique à l'étranger, et après des mois de bureaucratie tatillonne et d'attente en Autriche et en Italie, nous sommes finalement arrivés dans la circonscription de Queens, à New York. Malheureusement, mon grand-oncle était mort subitement juste avant le début de notre voyage, mais ses enfants ont été très gentils avec nous – maman, papa, moi-même alors âgé de trois ans (et prénommé Gennady), ma grand-mère et mes arrière-grands-parents – jusqu'à ce que nous emménagions dans un studio qu'une fondation juive nous avait déniché. Nous sommes débarqués à New York, persuadés que les rues étaient pavées de l'or proverbial.

Grand-maman a été victime d'une agression moins de six semaines plus tard. L'économie était chancelante, et l'emploi de journalier en construction que mon père s'était trouvé avant d'arriver en Amérique s'est évaporé en l'espace de quelques mois. Une fois de plus, la famille de mon grand-oncle est venue à notre aide en offrant à mon père un poste de magasinier dans l'un de ses magasins de vins et spiritueux à Clark, dans le New Jersey.

Les temps étaient durs. Je sens encore l'émotion monter en moi lorsque je pense au jour où mes parents ont parcouru plusieurs kilomètres à pied pour se rendre au Kmart et m'acheter non pas une, mais deux figurines de *Star Wars* pour mon sixième anniversaire. C'était énorme pour une famille au budget aussi serré que le nôtre. J'avais maintenant une sœur, Elizabeth. Par contre, je ne me rappelle pas avoir entendu quelqu'un se plaindre du manque d'argent, ou de quoi que ce soit d'autre. Nous étions en bonne santé et nous étions ensemble. Que demander de plus ?

Nous nous sommes rapidement adaptés – mes parents ont fait changer mon prénom pour Gary dès notre arrivée

– mais à la maison, c'était encore le Belarus. Il n'était pas question que ma mère nous serve du pain de viande pour dîner comme le faisaient les mamans américaines. Chez nous, nous mangions du chou farci et du hareng fumé. Nous ne prenions jamais de médicaments, seulement du thé ; et si quelqu'un était vraiment malade, on lui frictionnait la poitrine avec de la vodka. Je ne voulais jamais dire que j'avais une brûlure ou une coupure à la main, parce qu'on m'aurait immédiatement suggéré d'uriner dessus.

Intelligent et débrouillard, mon père a rapidement gravi les échelons dans la petite entreprise qui l'employait. Il est devenu directeur, et ensuite copropriétaire du petit magasin d'alcools situé à Clark. En 1983, avec un associé, il a acheté un magasin de la taille d'un bureau à Springfield, et il l'a plus tard agrandi, pour une superficie totale de 1 200 mètres carrés. Des années plus tard, après mes débuts dans l'affaire familiale, nous avons érigé l'actuelle Wine Library sur la même propriété. D'une superficie de 12 200 mètres carrés, l'établissement était bien différent du magasin original, qui s'appelait Shopper's Discount Liquors et dont l'apparence allait parfaitement bien avec la raison sociale.

Mes parents étaient avides – avides de subvenir aux besoins de leur famille, et avides de gagner. Mon père travaillait avec acharnement. En fait, il travaillait tant que je ne l'ai pas vraiment connu avant l'âge de 14 ans. Toutefois, j'ai un énorme respect pour ce qu'il a fait pour nous. Grâce à son labeur et à son culot, nous sommes devenus l'exemple même du succès américain. En 1978, nous n'avions pas un sou et ne parlions pas anglais ; en 1985, j'ai été le premier enfant de mon pâté de maisons à posséder un Nintendo. Vous comprendrez pourquoi mon père est mon héros. La gratitude que j'éprouve envers lui est ce qui nourrit ma propre ambition, ce qui me pousse à vouloir propulser mon entreprise toujours plus haut.

L'ascension de l'entrepreneur

À première vue, mon père et moi sommes très différents, quoique je possède sa flamme et son effervescence. Je ressemble beaucoup à ma mère : je suis émotif à l'extrême, j'aime véritablement les gens, je suis très ouvert à tous dès la première rencontre, mais je reste fidèle à moi-même. Mon père est plus difficile d'approche. Il met plus de temps à vous laisser entrer dans son intimité, mais une fois que c'est fait, vous faites partie de la famille. Je lui voue un respect sans borne, mais j'aimerais que plus de gens arrivent à le connaître. L'autre grande différence entre nous, c'est qu'il se laisse gouverner par ses émotions lorsqu'il doit prendre des décisions. Je suis un être extrêmement passionné, mais en affaires, j'affirme sans appel que la raison doit l'emporter sur l'émotion.

Cependant, quiconque m'a observé dès mon plus jeune âge ne peut nier que l'ADN entrepreneurial de mon père coulait déjà dans mes veines. La seule chose que je préférais à la direction d'entreprises et la rentabilité de celles-ci était les Jets de New York. Ma voisine disait toujours qu'aucune saison n'est un abri. L'été, je lavais sa voiture ; l'automne, je raclais ses feuilles ; et l'hiver, je pelletais la neige de son allée. Et un printemps, j'ai coupé des fleurs dans son jardin, j'ai sonné à sa porte et je lui ai vendu un bouquet. Je suis encore fier de cette initiative ; ma marge de profit avait été excellente.

À l'âge de 8 ans, j'avais 7 stands de vente de citronnade et je gagnais beaucoup d'argent pour un garçon qui avait peur de rouler à bicyclette. Cette peur était irrationnelle étant donné que toutes mes franchises étaient situées dans le voisinage. Tout le monde pouvait m'entendre arriver à plus d'un kilomètre de distance alors que je faisais bruyamment ma tournée sur mon Big Wheel pour récolter mes recettes.

Ma véritable éducation financière a commencé lorsque j'ai attrapé la fièvre du baseball. Ma mère m'avait emmené dans un marché aux puces où j'ai acheté quelques paquets de cartes de baseball et un exemplaire du *Beckett Card Price Guide*. Il est apparu que les cartes que je venais d'acquérir avaient de la valeur. Je me rappelle encore ce que j'ai ressenti lorsque j'ai compris que mon monde avait changé. Et j'ai ressenti la même chose plus tard lorsque j'ai vu le potentiel du marché du vin, lorsque j'ai découvert Internet et lorsque j'ai visionné un vidéoblogue pour la première fois. C'est à ce moment-là que j'ai compris qu'il était temps de passer aux choses sérieuses. Au revoir la citronnade, bonjour les cartes de baseball. Nous avons déménagé dans le comté de Hunterdon, dans le New Jersey, lorsque j'étais en 8e année. À ma nouvelle école, les cartes de baseball étaient aussi prisées que le jeu d'arcade Donkey Kong, et quelques semaines seulement après mon arrivée, j'amassais déjà beaucoup de fric.

Un jour, j'ai appris qu'une foire de cartes de baseball se tiendrait dans un centre commercial près de chez moi, et il n'était pas question que je rate cela. Je concluais déjà des transactions à 100 $ grâce aux ventes réalisées auprès de mes camarades de classe. Donc, rassemblant mon courage, j'ai demandé à mon père la somme la plus élevée à laquelle j'ai pu penser – mille dollars. Aussi incroyable que cela puisse paraître (quoique si j'y pense avec du recul, c'était exactement ainsi qu'était mon père), il me les a donnés. Cet argent était comme une boule de feu dans ma poche, et je suis donc immédiatement allé au Costco où j'ai acheté plusieurs boîtes de cartes. Je savais que ce n'était pas un grand cru, mais j'étais impatient (c'est la dernière fois que je l'ai été). En effet, lorsque j'ai ouvert les boîtes et que j'ai vérifié la valeur des cartes dans mon guide, j'ai découvert qu'elles ne valaient tout au plus que 200 $. Oh là là ! J'étais dans de bien mauvais draps.

Ma mère nous a conduits, mes deux associés (Jason Riker et John Churcak) et moi au centre commercial où nous avions l'intention de louer une table pour la foire. Nous avions convenu à l'avance qu'elle ne devrait pas nous coûter plus de 20 $. Nous avons demandé à parler au promoteur, et un Italien de 180 kilos s'est avancé vers nous. « Monsieur, ai-je dit, combien pour participer à la foire ? » C'est 150 $! Je lui ai tendu l'argent, lui ai serré la main et me suis éloigné, ignorant mes amis qui étaient restés figés, bouche bée. Mon cerveau me disait que c'était de la folie, mais mon instinct, lui, clamait : « Fonce ! », et j'ai toujours fait confiance à mon instinct.

J'étais pratiquement en larmes lorsque je suis rentré à la maison et que j'ai annoncé à mes parents ce que j'avais fait. Mais fidèles à eux-mêmes, ils ne m'ont pas étranglé, même si je sais qu'ils en avaient envie. Au lieu de quoi, mon père m'a dit qu'il espérait que la perte de cet argent serait pour moi une bonne leçon. C'est un homme sage, mon père.

Je suis allé dans ma chambre, bien déterminé à lui montrer que je n'avais pas fait cela uniquement pour en tirer une leçon. J'avais le feu sacré, et il n'était pas question que je perde.

Le lendemain, nous avons installé notre table et je me suis aussitôt lancé dans une étude de marché – j'ai déambulé sur le site afin de voir ce que les autres vendaient. Je me suis ensuite ajusté – en changeant le prix de chaque carte que nous avions et qui était disponible ailleurs afin de l'offrir au prix le plus bas. Nous avons tiré parti de la situation et nous avons gagné de l'argent. À partir de ce moment-là, j'ai participé à toutes les foires que j'ai pu. Ma mère ou celle de mon meilleur ami et associé Brandon Warnke nous conduisait, qu'il neige ou qu'il pleuve, à Bridgewater, Hillsborough, Edison, Raritan, où que se tienne une foire, et chaque fois j'en sortais gagnant. Je venais d'apprendre l'une de mes premières leçons en affaires : la rareté attise le désir.

Ma stratégie était simple : j'achetais des séries de cartes qui ne figuraient pas dans le *Beckett* et j'en faisais la promotion pour créer un marché. Vous pensez sans doute : *bon Dieu, Gary, quel petit escroc tu étais !* Pas du tout. J'étais optimiste. Pessimiste, j'aurais bien vu que les cartes n'étaient pas cotées et j'aurais présumé qu'elles n'avaient aucune valeur. D'autre part, assez innocemment, j'avais décidé que si ces cartes ne figuraient pas dans le guide, elles devaient donc avoir de la valeur.

J'ai remboursé à mon père les mille dollars qu'il m'avait prêtés en l'espace de trois ou quatre mois, et j'ai continué à gagner de l'argent tous les week-ends, chaque fois que j'en avais l'occasion. Et puis, j'ai eu 15 ans, et j'ai délaissé les centres commerciaux pour m'intéresser au magasin d'alcools.

L'apprentissage du métier

Passer du roi de la carte de baseball du comté de Hunterdon, fils de ses œuvres et croulant sous l'argent, au simple emballeur de glace à 2 $ l'heure a été une dure chute. J'ai dû attendre d'avoir 16 ans pour être admis à l'intérieur du magasin et devenir caissier. Ce n'était pas très excitant, mais c'était mieux que de pelleter de la glace et d'épousseter des tablettes. Il m'était interdit de boire ce que nous vendions (mes parents étaient très stricts à cet égard), mais j'avais une excellente mémoire, et lorsque la clientèle se faisait rare, je feuilletais des magazines spécialisés pour passer le temps et j'utilisais ensuite ce que j'y avais appris pour aider les clients à faire leur choix. L'un de ces magazines était *Wine Spectator*.

Ce n'était pas sans raison que notre magasin s'appelait Shopper's Discount Liquors. Les spiritueux comptaient pour une grande part de notre chiffre d'affaires. La bière se vendait également très bien, le réfrigérateur à bière occupait environ 35 % de la superficie du magasin. Mais j'ai appris deux choses pendant le temps que j'ai passé derrière la caisse enregistreuse. Premièrement, grâce au *Wine Spectator*, j'ai appris qu'un cachet culturel entoure la consommation de vin et que les gens en faisaient la collection de la même manière que je collectionnais les cartes de baseball, les figurines de Star Wars et les bandes dessinées. J'ai trouvé cela intéressant.

J'ai également commencé à déceler une constante: les gens entraient pour acheter une bouteille d'Absolut ou de Johnnie Walker et, quels que soient les efforts désespérés que le personnel ou moi mettions à leur vanter d'autres marques, ils ressortaient avec leur bouteille d'Absolut ou de Johnnie Walker. Ces marques étaient tout simplement trop établies. L'acheteur de vin, par contre, était souvent un peu perdu et pouvait passer 10 minutes à hésiter et à regarder les étiquettes comme s'il espérait qu'une bouteille lui saute dans les mains, lui évitant ainsi de devoir prendre une décision. Fort de l'expérience acquise avec les cartes de baseball, je savais que les gens veulent qu'on leur dise ce qui est bon et avantageux, et qu'ils aiment avoir été dirigés vers quelque chose que tout le monde n'est pas capable d'apprécier.

L'art de raconter une histoire est de loin le plus méconnu dans le monde des affaires.

Les acheteurs de vin, contrairement aux amateurs de spiritueux, étaient ouverts à toutes mes suggestions, et j'ai réalisé que ces clients étaient synonymes d'occasions. La découverte de cette tendance sociale a été suffisante pour transformer ce qui avait d'abord été un intérêt occasionnel en une obsession. J'avais commencé à travailler au Shopper's Discount Liquors en détestant chaque seconde que j'y passais, mais j'étais soudain déterminé à faire de cet endroit le centre de distribution de vins le plus en vue aux États-Unis.

Un nouveau regard sur le monde du vin

Personne ne se faisait d'illusions quant à mes aptitudes scolaires lorsque j'ai entrepris ma dernière année à l'école secondaire, et j'estimais que la meilleure chose à faire était d'obtenir la note de passage et de commencer à travailler à temps plein au magasin d'alcools. Et puis en février… oui, en février (désolé maman, mais tu sais que c'est vrai)… ma mère m'a demandé quel collège je prévoyais fréquenter. Un collège ? Le hasard a voulu qu'une carte postale du Collège Mount Ida, situé à Newton dans le Massachusetts, arrive dans notre boîte aux lettres quelques jours plus tard. J'ai rempli la demande d'inscription et Mount Ida est devenu ma résidence à l'automne. Mais le magasin était dorénavant toute ma vie, et je revenais à la maison presque chaque week-end pour y travailler.

En septembre 1995, je me trouvais dans la chambre d'un ami au dortoir du collège lorsqu'il a allumé son ordinateur. C'est là que j'ai découvert cette chose appelée Internet. J'ai laissé mes amis butiner pendant un moment d'un site de clavardage à l'autre afin d'y rencontrer des filles, et puis j'ai pris possession du clavier et j'ai passé les 9 heures suivantes à explorer les forums consacrés à l'échange de cartes de baseball et à me demander comment j'allais utiliser cette nouveauté pour assurer la croissance du magasin. Il n'y avait aucun doute dans mon esprit : j'avais entre les mains l'avenir de notre entreprise. Il m'a fallu encore une année pour trouver le courage de proposer à mon père de vendre du vin en ligne. Que voulez-vous, mon père était un homme méfiant! Et il a bien entendu opposé une certaine résistance au début. Mais il croyait en moi, et dès qu'il a baissé sa garde, je me suis lancé à l'assaut de ce nouveau marché.

J'ai lancé Winelibrary.com en juin 1997 (le magasin lui-même ne s'appellerait Wine Library qu'en 1999). Notre commerce avait un chiffre d'affaires se situant en 2 et 3 millions de dollars en 1994. Je suis monté à bord à temps plein après avoir obtenu mon diplôme en 1998 et j'ai fait passer le chiffre d'affaires de l'entreprise d'environ 4 millions à 10 millions de dollars en un an, aucun pourcentage de cette hausse n'étant attribuable aux ventes en ligne. En 2001, notre chiffre d'affaires était d'environ 20 millions. Pas mal. Pas mal du tout. La vie était belle et les affaires florissantes. La plupart des gars de mon âge auraient pensé avoir atteint leur but.

Et puis, le jour de mon 30e anniversaire, le 14 novembre 2005, alors que je roulais sur le New Jersey Turnpike, l'autoroute à péage, en direction du magasin en pensant à la journée qui m'attendait, j'ai réalisé qu'aussi parfaite que semblait être la vie, je n'étais pas entièrement heureux. Je savais tout au fond de moi que jamais je ne pourrais acheter les Jets si je continuais à évoluer dans le monde du commerce de détail. Le moment était venu de grossir.

Nous avions maintenant un service d'informatique à la Wine Library, et j'avais vu Erik Kastner et John Kassimatis passer leur pause déjeuner à s'asperger de débris de nourriture à force de rire en regardant ce qu'ils appelaient des vidéoblogues (les deux plus importants à l'époque étaient

Rocketboom et *the show with zefrank*). De mon côté, je tentais de trouver un moyen d'utiliser ce nouveau médium pour montrer aux gens qu'il y avait autre chose à boire que du Yellowtail. J'avais également remarqué que des sites tels que MySpace, Flickr et YouTube gagnaient en popularité, des sites qui n'avaient rien à voir avec le commerce et tout à voir avec les interactions sociales et les rencontres, et c'était un domaine où j'excellais. C'est donc là, sur le New Jersey Turnpike, que j'ai eu *la* révélation. Je n'allais pas utiliser les vidéoblogues pour vendre du vin ; j'allais utiliser les vidéoblogues pour créer un tout nouvel univers pour le vin, et pour moi-même. J'ai attendu que cesse le tourbillon occasionné par les fêtes de fin d'année, et puis j'ai lancé Wine Library TV en février 2006, c'est-à-dire trois mois plus tard.

trois

Créez votre image personnelle

Je viens de vous révéler une page de mon histoire que peu de gens connaissent, et c'est probablement la plus importante tranche de ma vie. Je le répète encore une fois : Wine Library TV n'a jamais eu comme mission de vendre du vin sur Internet. Ce projet n'a jamais eu d'autre but que la création d'un capital-marque, sur la valeur intrinsèque de la marque.

Certaines personnes pourraient dire que si je n'avais pas été intéressé à vendre du vin, je n'aurais pas inséré de liens permettant d'en acheter sur le site de Wine Library TV. Mais croyez-moi, je gagnerais davantage d'argent en créant un programme d'affiliation avec Wine.com que ce que ces liens renvoyant à Wine library.com me rapportent. Mais je suis un homme d'affaires, si vous voulez m'acheter du vin, je vous en prie, faites-le. Cependant, afin que personne ne puisse qualifier « The Thunder Show » (comme je surnomme Wine Library TV) de baratin publicitaire, je veille à ce que la Wine Library n'ait jamais en stock plus de 15 caisses des vins dont je parle. Si je fais une bonne critique d'un produit et que nous épuisons nos stocks, les gens doivent aller ailleurs pour s'en procurer.

Si la mission de Wine Library TV était de vendre du vin, je m'assurerais d'avoir en réserve suffisamment de bouteilles pour répondre à la demande. Wine Library, notre magasin, n'est donc jamais avantagé sur le plan commercial par la hausse des ventes d'un vin dont j'ai vanté les mérites sur mon blogue. Par contre, il profite du capital-marque que j'ai créé. Les gens viennent au magasin parce qu'ils sont curieux de connaître les lieux et de voir où je travaille. Et parfois, ils ne viennent que me remercier pour le contenu de mon blogue, ce que j'apprécie vraiment beaucoup.

Le développement d'une marque personnelle est crucial si vous voulez monétiser votre passion en ligne. Que vous livriez votre contenu par le biais de la vidéo, du balado ou du blogue, vous devez être authentique, car c'est ce qui vous distinguera de tous les autres, incluant de ceux qui partagent votre créneau ou votre modèle opérationnel. Ce que la plupart des gens ne réalisent pas, c'est que dans le monde d'aujourd'hui, l'entreprise et l'image personnelle se doivent de n'être qu'une seule et même chose, que vous vendiez des aliments piscicoles biologiques ou offriez des conseils financiers ou uniquement votre opinion.

La monétisation d'une image personnelle n'est pas un concept nouveau. Un grand nombre des personnalités du monde artistique les plus prospères au monde sont des génies de l'image personnelle. Je pense à Oprah, Howard Stern et Emeril. Ces monuments ont érigé leur empire en étant tout simplement eux-mêmes et en le demeurant. Mais il n'y a pas que les gens célèbres qui peuvent tirer d'énormes avantages de l'image personnelle. De fait, l'image personnelle est ce qui peut donner au commun des mortels un coup de pouce sans précédent pour se réaliser pleinement. Par exemple, songez à ceux que certaines personnes considèrent comme des célébrités de catégorie B, comme Ashton Kutcher ou Kerry Rhodes. Kutcher était déjà célèbre pour ses rôles à la télévision, sans parler de son mariage avec Demi Moore, mais il ne fait aucun doute que son image personnelle a explosé lorsqu'il a commencé à se servir des outils que sont les médias sociaux.

Rhodes, le joueur de football des Jets de New York, a utilisé Twitter avec un incroyable succès pour faire grandir son image personnelle. Et des personnalités de catégorie D-C comme Will Wheaton, Brooke Burke, Levar Burton et Fred Durst l'ont utilisé aussi pour se hisser au niveau B-A. Comment suis-je au courant ? Parce que je vois combien de gens les suivent sur leur compte Twitter. Toutefois, je conseille généralement aux gens d'ignorer le nombre de personnes qui les suivent et de se concentrer plutôt sur la qualité de leurs interactions. C'est beaucoup plus révélateur de l'impact qu'a leur image personnelle. De nombreux preneurs de décisions, toutefois, ne sont pas encore conscients de ce détail important, et ce sont par conséquent les personnalités dont nous avons parlé qui bénéficient de ces belles statistiques. Là où se dirige le regard, les occasions apparaissent.

Et pour la bonne bouche, il y a ces gens dont vous n'avez peut-être jamais entendu parler qui affichent d'excellents contenus et qui se servent avec brio des médias sociaux, comme David Morin @davemorin, Chris Sacca @ sacca, Justine Ezarik @ijustine et Kevin Rose @kevinrose. La notoriété de leurs images personnelles monte en flèche, et il n'y a aucune raison de croire qu'elles ne deviendront pas des marques très connues.

Vous voyez où je veux en venir ? La première génération a créé sa marque à la télévision et sur les écrans de cinéma, à la radio, dans les magazines et les journaux, et la prochaine génération fera la même chose en ligne à moindre coût, sans avoir à demander l'approbation de personne. Mettez-vous en position, car le dénouement est proche. Le champ d'action est peut-être différent, mais le jeu reste le même.

La création de mon image personnelle

Si vous me suivez sur Winelibrarytv.com, vous comprendrez rapidement ce qu'est mon image personnelle. Je suis un spécialiste du vin qui en parle avec des mots simples. C'est une image personnelle que j'ai pu commencer à créer très jeune, ayant grandi dans l'industrie vinicole. J'ai assisté à des dégustations à 100 $ la tête aux côtés de connaisseurs qui baignaient depuis toujours dans l'univers du vin. Ils avaient donc une vaste expertise à partager avec un nouveau venu comme moi. Mais ils avaient aussi un lourd bagage d'idées préconçues.

Ils faisaient tourner le vin dans leur verre, le humaient, en aspiraient une gorgée à grand bruit et puis débitaient toujours la même terminologie classique – bouquet de pétales de rose ou touche finale soyeuse. Je plongeais mon nez dans mon verre, avalais une gorgée avec une grande goulée d'air, et la seule pensée qui me traversait l'esprit était : « Eh bien, ça goûte la vieille chique » ou : « Si ce n'est pas une tablette Whatchamacallit, je ne sais pas ce que c'est. » Ce n'est pas que j'étais incapable de régurgiter le lexique de la dégustation de A à Z ni d'apprécier la complexité d'un excellent millésime. Je savais faire la différence entre un Malbec et un Montepulciano, mais je ne voyais tout simplement pas pourquoi je devrais utiliser des mots précieux pour décrire mon expérience lorsque j'en buvais. De plus, tout le monde et même les critiques buvaient et admiraient les mêmes produits. Si le Sauvignon Blanc de Cloudy Bay était présenté comme le meilleur vin de 1998, on notait une augmentation de la demande au magasin. Et cela en dépit du fait que je considérais le Babich mille fois meilleur, sans compter qu'il coûtait deux fois moins cher.

Il était clair à mes yeux que l'industrie stagnait, et l'expérience que j'avais acquise au magasin me soufflait que les gens attendaient avec impatience que quelqu'un éclaircisse le mystère entourant l'achat de vin et le rende amusant. Et j'ai pensé : *ça, je peux le faire.* Je suis donc devenu le type qui parle de vin. C'est ainsi que j'ai créé mon image personnelle. Sur Wine Library TV, j'offre donc mon image personnelle, et non du vin. Chaque épisode me donne l'occasion de partager ma grande expertise avec des gens qui s'intéressent à la même chose que moi, et c'est très amusant. Et ce public me permet également de me révéler. Observez-moi pendant deux secondes et vous saurez exactement qui je suis et quelles sont mes valeurs. L'authenticité est la clé.

Mais cela peut facilement devenir une arme à double tranchant. Je sais qu'il y a des gens qui pensent que je suis un abruti à cause de mon crachoir à vin à l'effigie des Jets, ma table jonchée de jouets et mon langage coloré. J'ai une grande gueule, j'exagère, je suis survolté. Mais je suis ce que je suis. Je suis vrai et, dans l'ensemble, les gens aiment ça. Les gens me regardent, et ils m'écoutent. Ils apprennent même une chose ou deux, et ils sont parfois d'accord avec moi pour dire que, oui, ce Riesling goûte la vieille sueur. Je donne aux amoureux du vin la permission d'aimer ce qui leur plaît, que ce soit un Zinfandel blanc ou un grand Bordeaux.

J'ai également cultivé une autre image, une image qui a rendu possible la rédaction de ce livre, ma participation à des discours-programmes et l'obtention de mandats de consultation, et qui nous a aidé, mon frère AJ et moi, à ériger VaynerMedia. J'ai été patient pendant près de 2 ans. J'ai attendu que les gens me connaissent et fassent confiance à mon image personnelle. Et puis, en octobre 2007, j'ai décidé qu'il était temps pour moi de faire le grand saut. Le monde était prêt à découvrir que j'étais plus qu'un type amusant qui en connaît long sur le vin. Un matin, à mon réveil, j'ai pensé :

Il est temps de parler affaires, et j'ai commencé à diffuser des vidéos dans lesquelles je discutais de ma véritable passion : la création de marques et d'entreprises.

Peu importe laquelle de mes images personnelles attire les gens, ma popularité découle du fait que je maîtrise mon sujet et que je suis honnête. Peu importe mon charisme et mon sens du spectacle, si mon contenu était médiocre et non crédible, personne ne me regarderait. Personne.

Si vous paniquez parce que vous craignez l'interférence créée par tout ce qui circule sur le Web, vous pouvez vous détendre. La qualité agit comme un filtre extraordinaire. La crème remonte toujours, mes amis, peu importe la quantité de café que vous versez dans votre tasse.

C'est la transparence qui fait l'occasion

Les consommateurs veulent qu'on leur dise la vérité. Bien sûr, ils espèrent qualité, service, valeur et divertissement, mais ils veulent avant tout faire affaire avec une personne honnête. Les entrepreneurs n'ont pas vraiment le choix – la démarcation entre le privé et le public est de plus en plus ténue et depuis que les gens sont en mesure de partager en quelques minutes seulement leurs expériences, leurs opinions et des images sur vidéo en les mettant sur la Toile, il n'est pratiquement plus possible d'arnaquer les consommateurs sans qu'il y ait de répercussions. Donc, quelle que soit la façon dont vous modèlerez et colorerez votre image personnelle, l'honnêteté doit en constituer le cœur.

J'apparais en ligne cinq fois par semaine pour goûter et commenter des vins. Certains d'entre eux sont extraordinaires, et d'autres ont un goût de crottin. Les producteurs de vins que je démolis m'aiment-ils ? Probablement pas. Est-ce que je m'en soucie ? Non. Est-ce que je vends des vins qui ne me plaisent pas ? Évidemment, car vous pouvez très bien ne pas être d'accord avec moi (quelqu'un au vignoble qui les a produits les aimait certainement). Tout ce que je fais sur mon blogue, c'est d'être moi-même et d'exprimer clairement mon opinion. Vous devrez faire la même chose lorsque vous lancerez vos vidéos, blogues ou balados. Ce conseil s'adresse à tout le monde, incluant ceux d'entre vous qui ont l'habitude de cacher leur jeu, sinon vous perdrez, d'une manière ou d'une autre.

Supposons que vous évoluez dans le monde de l'immobilier et que vous adorez ça. Une partie de votre travail consiste à apprendre à stimuler la vente des propriétés des perdants, n'est-ce pas ? Vous les présentez comme de « charmantes occasions de rénover » ou des « bijoux en instance de saisie ». Même les propriétés les plus attirantes font l'objet d'un laïus avantageux. Mais que se passerait-il si vous vous assoyiez devant une caméra et affichiez sur le Web une série de blogues vidéo dans lesquels vous diriez aux gens ce que vous pensez vraiment des résidences, sites commerciaux ou terrains que vous vendez ?

Que se passerait-il si vous disiez : « J'ai une maison très moche à vendre. Je suis sérieux, mes amis, vous vous devez de la visiter, ne serait-ce que pour avoir l'occasion d'acquérir l'un des derniers spécimens de moquettes à poils longs et de lustres en faux bois de cerf. Les vendeurs sont des gens très aimables et j'aimerais beaucoup qu'ils obtiennent les 360 000 $ qu'ils demandaient au départ, mais je leur ai parlé et ils ont compris qu'ils devaient se montrer moins gourmands parce que leur propriété doit être rénovée de fond en comble. Je crois que vous devriez y jeter un coup d'œil si vous avez environ 275 000 $ à dépenser, plus quelques dollars à donner à un entrepreneur. Et apportez votre imagination avec vous. Une bonne dose d'imagination. »

Je sais qu'il existe des lois qui régissent le secteur immobilier et que celles-ci pourraient vous empêcher de mettre cette idée à exécution. J'ai nettement dépassé les limites dans le dernier paragraphe. Mais ce genre de transparence nuirait-il à votre entreprise ? Peut-être auriez-vous beaucoup de difficultés au début à trouver des clients. Mais imaginez quelles seraient les retombées si vous deveniez l'agent immobilier en qui les gens ont le plus confiance en ville parce que personne n'osera jamais penser que vous tentez de vendre une maison que vous n'estimez pas valoir chaque dollar que vous en demandez. Vous auriez davantage d'inscriptions parce que les vendeurs sauraient que leur propriété ne stagnerait pas sur le marché, et vos ventes augmenteraient parce que les acheteurs sauraient qu'ils n'ont pas affaire à un escroc. De plus, vous auriez la satisfaction d'accomplir à votre manière quelque chose que vous adorez. Et *surtout*, vous créeriez une image personnelle solide – celle de l'agent immobilier à l'honnêteté irréprochable – qui vous suivra partout et que vous pourrez utiliser comme un levier pour repérer des occasions professionnelles encore plus intéressantes, incluant la rédaction de livres, des apparitions à la télé et des mentions dans divers autres médias.

Faites-le. Faites-le immédiatement.

Ian Watt, www.ianwatt.ca, est un agent immobilier qui a su créer en ligne une image personnelle solide. Chaque vidéoblogue qu'il produit pendant qu'il parcourt les rues de Vancouver, où il habite, décrit ce qu'il pense de l'immobilier et de l'état du marché. Il offre également des conseils d'ordre général aux acheteurs et aux vendeurs. Il est plein d'entrain, il connaît son domaine et il sait en tirer profit.

Faites confiance à votre goût

En pensant à votre image personnelle, ne vous dites pas qu'elle doit ressembler à la mienne si vous voulez en tirer profit sur Internet. Vous réussirez si vous vous efforcez d'être vous-même. De toute façon, vous ne pouvez pas être comme moi. J'aime des vins que vous n'aimez pas. J'aime le restaurant White Castle et les Knicks de New York, et vous ne les aimez probablement pas. Je préfère le jus de légumes V8 au jus de fruits, et je mange beaucoup de légumes. Toutes ces préférences et excentricités ont modelé mon image personnelle. La vôtre sera unique et intéressante parce que vous êtes unique et intéressant. Ne jouez pas la comédie et ne tentez pas de m'imiter ou d'imiter une autre personne qui a réussi grâce au marketing social. Vous n'en sortiriez pas gagnant, car les gens sont capables de détecter à un kilomètre de distance un poseur qui prend une attitude affectée pour se faire valoir. J'ai dû attendre longtemps avant de trouver une plateforme qui me permette de créer une image personnelle authentique.

Avant de lancer Wine Library TV, j'ai constaté que les blogues avaient de plus en plus la cote. Je savais qu'il y avait là une occasion et je voulais absolument en profiter. Mais je me suis regardé dans le miroir et je me suis demandé : *« Es-tu capable d'écrire? Non... Zut alors!»*[1] Bien entendu, j'aurais pu embaucher quelqu'un pour écrire d'élégants blogues à ma place et prétendre qu'ils étaient de moi (petit clin d'œil à l'intention de célébrités que je ne nommerai pas: je vous aime, mais cessez ce petit jeu; nous savons que ce n'est pas vous qui écrivez sur Twitter), mais je savais que si je voulais que les gens s'intéressent à moi, il fallait que mon contenu vienne entièrement de moi, brut et non filtré. La création et la diffusion de ce contenu seraient les seules choses que je ne devrais absolument pas déléguer à un tiers.

De plus, comme j'allais consacrer énormément de temps à créer une image mégaprospère qui me permettrait d'acquérir les Jets de New York, il fallait que je le fasse d'une manière réellement authentique qui me donnerait envie d'y travailler chaque jour. J'ai donc attendu de trouver un médium qui fasse vibrer mon ADN, le vidéoblogue. J'ai sauté sur l'occasion, et je n'ai jamais regardé en arrière.

Soyez à l'écoute de votre ADN, soyez vous-même, affichez un contenu génial sur le Web, et les gens seront intéressés par ce que vous avez à dire. Croyez-moi, si vous le faites, les gens vous trouveront, ils vous suivront et ils parleront de vous. Faire parler les gens: là est toute la question.

Le bouche à oreille gonflé aux stéroïdes

C'est le bouche à oreille qui vous servira de levier pour transformer les plateformes du marketing social en

---

1. Vous rappelez-vous ce que j'ai dit au chapitre 1 à propos d'un partenariat avec une personne dont l'ADN complète le vôtre? Pour écrire ce livre, j'ai fait équipe avec quelqu'un qui sait écrire, et je lui ai dicté l'ensemble du matériel.

canalisations efficaces pour la diffusion de votre image personnelle. Il n'y a là rien de nouveau. Depuis ce premier jour où six poignées de grains ont été troquées contre un bœuf, les propriétaires d'entreprises ont toujours su que ce que leurs clients et leurs amis, les membres de leur famille ou leurs collègues pensent de leur restaurant, de leur voiture, de leur centre de villégiature, de leur service de nettoyage ou de leur firme de design a toujours eu plus de valeur que n'importe quel canal d'annonces ou de publicités à la radio. Mais il n'y a jamais plus qu'un nombre limité de gens à qui clients, amis, membres de la famille ou collègues peuvent parler de l'expérience qu'ils ont eue avec vos produits ou services.

Cependant, le réseau Internet et les réseaux sociaux qu'ils rendent possibles – et l'accès instantané à des communautés en ligne (et aux millions de gens qui finiront par y adhérer) – ont donné une nouvelle vie au bouche à oreille, comme s'il était maintenant gonflé aux stéroïdes. Le consommateur n'est plus contraint de ne parler de ce qu'il pense de votre image personnelle qu'à son cercle d'amis ou lors de rencontres occasionnelles. S'il a un compte sur Twitter, il peut dire à 5 000 personnes qu'il vient de lire votre blogue sur l'élevage des chats siamois et qu'il l'a trouvé hilarant. Et puisqu'il ne s'agit pas uniquement du fruit du hasard, que ces 5 000 personnes ont délibérément dit à votre lecteur qu'elles souhaitaient connaître son opinion, il y a de superbes chances qu'un bon pourcentage de celles-ci soient assez curieuses pour consulter votre blogue.

Et comme pour l'entreprise qui a pignon sur rue, la moitié de la bataille consiste à leur faire franchir le seuil.

Si ces personnes vous aiment, elles enverront sur-le-champ les commentaires de votre lecteur initial à tous les gens qui les suivent. Et ainsi de suite. Et combien de temps vous aura-t-il fallu, à vous l'éleveur de chats siamois, pour rejoindre ainsi des milliers et des milliers de lecteurs et de clients éventuels, et ce, gratuitement ? Plus ou moins 10 minutes. C'est hallucinant et, chaque jour, de plus en plus d'outils sont créés afin que vous puissiez diffuser votre image personnelle à plus vaste échelle encore.

Tout le monde le fait

Vous n'avez peut-être pas encore érigé votre entreprise, mais il y a de fortes chances que vous ayez déjà créé votre image personnelle sans même vous en rendre compte. Vous êtes devenu une marque à la seconde même où vous avez créé un compte sur Internet, un portail qui fait de vous un personnage public. Facebook, MySpace et Twitter sont des sites de réseautage social, mais aussi des sites d'images personnelles. Ne croyez-vous pas ? Supposons que vous êtes un mordu de la photographie et que vous utilisez votre compte sur Facebook ou Twitter pour afficher vos meilleurs clichés. Vous venez de donner la possibilité de les découvrir à quelqu'un dont la passion est la création d'entreprises et qui a de l'expérience en publicité.

Et très bientôt, vous recevrez un courriel dans lequel cette personne vous demandera si vous voulez gagner de l'argent en vendant des photos que vous aurez prises dans votre région. Je sais que ça peut sembler utopique, mais cela arrive néanmoins chaque jour. Je l'ai vu de mes propres yeux. Vous devez comprendre que nous vivons dans un monde où le bouche à oreille permet à un contenu de voyager plus vite et plus loin que jamais auparavant. Il circule d'une personne à l'autre jusqu'à finalement tomber entre les mains de la bonne personne. Je vous le dis, une fois que vous aurez rallié les rangs du monde numérique, vous serez dans la course, et il vaut mieux vous y préparer.

Vous pensez peut-être qu'il est inutile de créer une image personnelle parce que vous aimez votre emploi ou que vous travaillez pour une grande entreprise. Vous vous croyez donc invincible ? Même si l'économie était florissante, je vous conseillerais d'utiliser les outils qu'offrent les médias sociaux pour partager vos idées avec le monde et faire de vous une marque reconnaissable. Supposons que vous êtes courtier dans une société de placement, que vous vous retrouvez soudain sans emploi et que vous n'avez qu'un curriculum vitæ sans intérêt à présenter. *Attendez*, direz-vous pour me rassurer, *mon CV est génial.* Mais dites-moi : s'agit-il d'un document au format PDF présentant une liste bien ordonnée des endroits où vous avez travaillé et pour combien de temps, avec çà et là quelques points vignettes stratégiques pour préciser votre description de tâches ? Oui ? Vous êtes cuit. Conservez votre document au format PDF de manière à ce que le service des ressources humaines puisse le garder dans ses dossiers, mais sachez que les curriculum vitæ traditionnels seront bientôt désuets, très bientôt. Et même s'ils ne le sont pas encore, ce document dont vous êtes si fier est identique à celui des 300 autres analystes qui cherchent un emploi dans la même ville que vous.

Développer votre image personnelle, c'est comme vivre et respirer votre CV chaque seconde que vous consacrez au travail. Le dernier commentaire que vous avez affiché sur Twitter ou Facebook et votre plus récent balado ? Voilà ce qui constitue maintenant votre CV. C'est ainsi que vous transmettez au monde vos idées et vos opinions, des éléments qui font que vous êtes unique et qui révèlent pourquoi une firme – ou mieux encore, un entrepreneur passionné qui trie sur le volet les candidats les plus talentueux afin d'ériger une société de placement innovatrice – ferait une grosse erreur en ne vous embauchant pas.

Songez à quel point votre situation serait différente si vous aviez été congédié, mais aviez toujours entretenu votre image personnelle et aviez ainsi une réputation de courtier très recherché dans l'industrie. Autrefois, il vous aurait fallu consacrer des heures à passer des coups de fil et à envoyer des courriels pour annoncer votre disponibilité. Aujourd'hui, 30 minutes après avoir reçu la mauvaise nouvelle, vous ferez une mise à jour de votre situation professionnelle sur votre blogue, Twitter et Facebook, et tous les gestionnaires de l'industrie sauront immédiatement que vous êtes à la recherche d'un emploi et, comme votre image personnelle leur sera familière, ils penseront : *Hum ! Comment pourrais-je donc l'intégrer à notre équipe ?*

Il faut bien reconnaître que les décisions d'embauche sont prises chaque jour en fonction de relations personnelles. Si vous êtes le directeur des services commerciaux chez Crest, chaque commentaire que vous faites en ligne peut avoir une raison d'être bien précise, que ce soit pour divulguer ce que vous pensez de l'industrie – « Nous allons bientôt renouveler nos emballages » – ou pour exprimer vos opinions en général – « Je crois que je vais commencer à jouer au hockey sur glace ». Vous ne pouvez vous permettre d'être unidimensionnel – tous ces propos que vous croyez non pertinents deviennent pertinents. Considérez tous les commentaires que vous affichez en ligne comme votre contribution à la discussion pendant un long dîner amical.

Si un gestionnaire embauche et a le choix entre deux candidats également qualifiés, il choisira celui avec qui il a déjà un lien, qu'il s'agisse d'un intérêt mutuel dans de nouveaux emballages ou d'une passion commune pour le hockey sur glace. Votre contenu permet aux gens d'apprendre à vous connaître, tant personnellement que professionnellement. Et comme votre image personnelle sera déjà bien connue et respectée, si vous avez besoin d'un emploi et qu'un poste est vacant quelque part, il est probable que vous soyez le premier à être appelé. Si vous avez bien développé votre image, ces firmes bien établies n'auront pas de chance puisque le pro du développement d'entreprises qui vous a suivi sur la Toile – quelqu'un comme moi – vous aura déjà invité à participer à un nouveau projet excitant. Vous n'aurez plus jamais à travailler pour remplir les poches de quelqu'un d'autre.

quatre

Un tout nouveau monde

Les entreprises de l'avenir constitueront une mine d'or pour quiconque a du talent, car plus rien ne les obligera à exister à l'intérieur des limites que les institutions de la vieille garde imposaient. Par exemple, tous ceux qui clament que le journalisme est mort parce que les journaux et les magazines sont sur papier sont en proie au délire. C'est vrai, les anciennes plateformes ont des difficultés, mais c'est la meilleure chose qui pouvait arriver aux journalistes… aux bons journalistes, on s'entend.

Ces plateformes sombrent parce que les lecteurs se sont tournés vers Internet, ce qui signifie que l'argent de la publicité est investi en ligne. Donc, bien entendu, les journalistes devront eux aussi aller en ligne et se mettre en mode interactif. Mais leur situation ne sera plus la même. Ils n'auront plus à faire des pieds et des mains pour gagner quelques dollars de temps à autre en écrivant des articles pour diverses publications, et ils ne seront plus des employés rémunérés à deux cents la ligne pendant que leur employeur empoche des pourcentages disproportionnés des revenus publicitaires que le talent d'un personnel chichement payé leur rapporte.

Contrairement aux gens qui évoluent dans la majorité des autres sphères d'activité, les journalistes développent constamment un capital-marque par le biais de leur travail. Donc, tout ce que les journalistes talentueux doivent faire pour tirer profit des transitions technologiques et culturelles qui font sombrer les plateformes médiatiques qui les emploient comme des navires qui prennent l'eau, c'est de se lancer eux-mêmes en affaires et de monétiser leur passion. Présenté ainsi, cela semble facile, n'est-ce pas ? Je sais que ça ne l'est pas. Mais devinez quoi ? C'est l'avenir, et les journalistes et reporters qui seront assez futés pour le comprendre seront ceux qui survivront.

Bien entendu, certains journalistes et reporters ne s'y connaissent pas suffisamment en affaires pour créer leur propre entreprise. Par contre, ceux qui possèdent ce rare amalgame qu'est le fougueux esprit d'entreprise et le sens du reportage pourraient faire équipe et créer une formidable agence de presse virtuelle sans aucune association avec un spécialiste en développement d'entreprises. Et ils feraient des affaires d'or. Mais les journalistes dépourvus d'esprit entrepreneurial n'en seraient pas pour autant sans travail. Je vous garantis que lorsque les créateurs d'entreprises reconnaîtront l'immense potentiel de ce marché, ils commenceront à recruter des journalistes de talent pour étoffer leur équipe.

Mais à quoi ressembleront ces nouvelles entreprises ? Nous avons déjà constaté que des modèles de gestion réduits, allégés et serrés – comme Politico.com, realclearpolitics.com, seekingalpha.com et minyanville.com – sont efficaces. La nouvelle génération d'agences de presse virtuelles sera plus démocratique. Peut-être verrons-nous une équipe formée de 4 journalistes et d'un partenaire en affaires créer thedailyscoop.com. Chacun possédera 20 % des parts de l'entreprise (évidemment, l'équipe pourrait être constituée de 40 personnes et la part de chacun serait encore une fois égale).

Au début, ils ne couvriront pas les nouvelles de dernière heure (et soyons honnêtes, quel pourcentage du matériel que vous lisez dans les journaux a fait la une la veille, en ligne ou à la télé ?) Au lieu de quoi, ils miseront sur les médias sociaux pour faire des analyses percutantes. Ils procéderont ainsi pendant un an et se constitueront une marge brute d'autofinancement grâce à la publicité, qui sera abondante, car nous le savons tous, l'argent va là où se dirige le regard. Et ces gens auront suffisamment de talent pour attirer bien des regards. Forts d'un confortable revenu, ils pourront un jour embaucher d'autres excellents reporters et lancer un service de journalisme d'enquête. Ces journalistes ne seront pas payés 80 000 $ pour aller en Afghanistan, mais ils toucheront plutôt 7 % du capital d'une entreprise dont le chiffre d'affaires annuel sera de 13 millions de dollars et dont la croissance sera constante. Les reportages venant d'Afghanistan seront produits par une personne qui se trouve sur place, armée d'un téléphone cellulaire et d'une caméra Flip (ouvrez les yeux, c'est pour très bientôt), qui transmettra les nouvelles en direct.

Un grand nombre de scénarios sont possibles pour ces nouvelles entreprises. Qu'est-ce qui pourrait empêcher les dix meilleurs journalistes du *Wall Street Journal* de se regrouper et de s'associer avec un partenaire en affaires afin de créer leur propre agence de presse virtuelle ? Ou encore, ils pourraient lancer un journal en ligne, et chaque fois que quelqu'un cliquerait sur un article, son auteur toucherait 2 dollars. Bien sûr, rien ne garantit que certains journalistes ne tenteraient pas de tricher, et des questions d'ordre moral surgiraient inévitablement, mais quiconque empruntera cette voie y sera nécessairement exposé. Dans tous les secteurs d'activité, il y a toujours eu des gens qui cachaient leurs intentions, mais ils ne pourront désormais plus rien dissimuler.

Les informations deviendront également plus locales, et nous verrons apparaître des paparazzis de la nouvelle. Il y aura une marque personnelle appelée The News Maverick, une nouvelle version de Geraldo Rivera, qui s'est fait connaître en sautant par-dessus des clôtures, armé de son téléphone cellulaire et sa caméra Flip pour couvrir des sujets chauds. Qu'est-ce que cela vaudra ? Beaucoup d'argent.

Les bulletins de nouvelles ont été régis par un système communiste, mais le capitalisme finit toujours par l'emporter. Les critiques pourront contester mes propos et dire que ces nouveaux modèles dévalorisent la formation, le flair et l'éducation qui font un grand journaliste. C'est peut-être vrai, mais se lamenter sur la façon dont les choses devraient être au lieu de se réjouir de leur état actuel ne fait de bien à personne. Les changements qui touchent le monde de l'information sont permanents. Fondamentalement, l'offre et la demande sont en mutation. La quantité augmente et les prix diminuent, ce qui veut dire que la structure des coûts doit être considérablement resserrée.

Et que cela vous plaise ou non, un grand nombre de gens n'ont plus beaucoup de respect pour le reportage de qualité. Cela me contrarie comme tout le monde, mais le fait est que c'est une tendance qui a un énorme impact sur le monde des affaires et qui doit être remarquée et acceptée. En explorer et en analyser tous les aspects avec la profondeur qu'elle mérite, cela demanderait malheureusement plus d'espace que je n'en dispose dans ce livre. Mais je vous assure que c'est ainsi que les choses se passeront. En fait, les seuls arguments que l'on m'oppose dans ce débat viennent de journalistes et d'individus qui nourrissent un attachement émotif envers l'encre et le papier, ainsi qu'envers le charme qui entoure la lecture du *Times* ou de son journal préféré du dimanche avec une bonne tasse de café. Mais la majorité des gens d'affaires sont d'accord avec moi.

Si les plateformes traditionnelles sont des navires en perdition, alors les journalistes sont des marins qui doivent se jeter à l'eau. S'ils ne sont pas assez forts pour nager jusqu'au navire de l'avenir, oui, ils se noieront. Mais ceux qui sont d'excellents nageurs iront loin, très loin. C'est ainsi que cela a toujours été et sera toujours dans le monde des affaires. C'est une vérité qui est au cœur de cet ouvrage : le jeu change, et l'occasion qui vous est offerte est extraordinaire. Il suffit de la saisir.

Les intermédiaires n'ont pas encore été éliminés, mais c'est ce vers quoi nous nous dirigeons. Beaucoup de choses ont changé dans les industries de la musique et de l'information depuis l'avènement de la technologie d'Internet, mais quiconque pense que la révolution s'arrêtera là est naïf. Le raz-de-marée qui secoue l'industrie de l'information déferlera également sur toutes les autres industries qui reposent sur les interactions humaines. Et connaissez-vous une seule entreprise qui ne dépend pas d'une manière ou d'une autre des interactions humaines ? Je n'en connais pas. Les changements qui seront apportés par Internet auront un impact tout aussi fondamental sur le contenu et les affaires qu'en a eu la presse à imprimer. C'est un tout nouveau monde. Créez votre image personnelle et préparez-vous à y faire votre marque.

Planifiez votre avenir dès maintenant

Si vous ne faites pas de projets et ne vous souciez pas de votre avenir, vous avez de gros problèmes. Je crois que même si vous aimez votre emploi, vous devriez songer à le quitter et à créer une image personnelle et votre propre entreprise, ou à le faire avec un associé, car tant que vous travaillerez pour quelqu'un d'autre, vous ne serez jamais entièrement cohérent avec vous-même et votre passion. Cela dit, je ne dirai jamais à un individu de quitter son emploi, surtout si des personnes sont à sa charge. La famille d'abord, n'oubliez jamais ça. Par contre, je vous dirai de commencer à planifier ce départ si vous êtes incapable de répondre par l'affirmative aux questions suivantes :

1. Êtes-vous actuellement heureux au travail ? Je veux dire, vraiment heureux. Vous ne râlez pas, ni ne geignez, le lundi matin en répétant que vous rêvez d'être déjà au vendredi soir.
2. Travaillez-vous pour une entreprise qui vous permet d'avoir une image publique qui illustre votre secteur d'activité ou votre véritable passion (lorsque j'aurai terminé, je vous aurai convaincu que cela ne doit

constituer qu'une seule et même chose, mais je vous laisse un peu de répit pour l'instant)? Autrement dit, vous permet-on d'avoir un blogue, un compte sur Twitter ou encore de vous faire connaître dans le monde grâce à une identité distincte, non affiliée à votre entreprise? Certains secteurs d'activité, comme ceux des finances et de droit, ne le permettent pas. Mais si c'est là votre passion, aimez-vous suffisamment votre domaine pour faire ce sacrifice? Croyez que vous l'aimerez autant dans 10 ou 20 ans et que vous ne regretterez pas d'avoir raté toutes les occasions inhérentes aux médias sociaux?

3. Si on ne vous permet pas de développer une image publique au travail, êtes-vous autorisé à le faire pendant vos loisirs?

Si vous avez répondu « non » aux questions 2 et 3, même si vous êtes heureux au travail, je crois que vous devriez tout faire pour dénicher un autre emploi ou commencer à préparer le terrain afin de lancer votre propre entreprise, car vous allez un jour suffoquer. Toute entreprise qui bâillonne ses employés les plus talentueux et ne leur permet pas d'évoluer sur la scène publique les empêche d'aller là où se dirige le monde des affaires, et vous ne voulez certainement pas vous laisser distancer. Si vous n'avez pas la liberté de créer une image personnelle, vous vous retrouverez fortement désavantagé devant des concurrents qui auront étoffé leur contenu et établi leur marque.

Si vous n'êtes pas heureux au travail, mais que vous pouvez quand même développer un capital-marque, au bureau ou à la maison, en bloguant ou en produisant des balados à propos de ce qui vous passionne, je vous conseille encore une fois de planifier votre départ et de lancer votre propre entreprise, car la vie est beaucoup trop courte pour la passer à faire un travail que l'on n'aime pas. Toutefois, je ne m'inquiète pas tant pour vous que pour l'individu qui est heureux au travail, mais qui n'a pas le droit de se faire connaître, car tant que l'on crée un contenu et une image personnelle, on crée des occasions futures.

Mais si vous n'êtes pas heureux au travail, si vous n'avez pas de visage, et que l'on vous interdit de partager votre passion avec le monde, tirez-vous de là au plus vite. Sinon, vous n'aurez aucune chance de créer une image personnelle et, sans elle, vous êtes fichu sur le plan professionnel.

Je sais que la sécurité financière est importante, mais si vous aimez les chaussures de gymnastique et que vous en savez davantage sur elles et êtes plus passionné à leur égard que n'importe qui au monde, vous pourrez gagner de l'argent en en parlant. Je crois en cette vérité par chaque fibre de mon corps.

Récemment, Tara Swiger a annoncé qu'elle allait quitter son emploi pour se consacrer entièrement à Blondechicken boutique.com, où elle bâtit une communauté passionnée d'artisans et de producteurs de fibres. Elle vend du fil biologique teint à la main et elle blogue en discutant de tricot, teinture et autres arts ménagers. Elle vit réellement sa passion. Pourquoi ne le pourriez-vous pas ?

cinq

Créez un bon contenu

Pour monétiser votre image personnelle et la transformer en entreprise au moyen des réseaux de médias sociaux, deux piliers doivent être érigés : le produit et le contenu.

Nous avons parlé de la façon de choisir votre produit, c'est-à-dire ce qui vous passionne le plus. Quel que soit ce produit, il va de soi que la qualité est primordiale. Vous pouvez développer, mettre en marché et diffuser tout ce que vous voulez, mais si votre boisson pour sportifs est infecte, ou si vous divulguez de fausses informations, vous perdrez.

Connaissez votre matière

Un bon contenu est ce que vous injecterez dans les réseaux de médias sociaux afin d'attirer l'attention des gens sur votre blogue. Ce contenu représente la somme de votre passion et de votre expertise ; veillez donc à pouvoir parler de votre produit comme nul autre. Faites vos devoirs. Vous devez lire et assimiler toute la documentation que vous pourrez trouver – livres, revues spécialisées, bulletins d'information, sites Web – ainsi que suivre des cours, assister à des conférences et participer à des congrès (et aussi lire les blogues qui traitent du même sujet et interagir avec leurs auteurs, mais il y a une façon particulière de le faire ; j'y reviendrai plus tard). Vous pouvez même intégrer le processus d'apprentissage à votre contenu. Pensez à tous ces blogues sur la cuisine qui font la chronique d'expériences culinaires désastreuses. Ils sont amusants, n'est-ce pas ? Et le pédiatre qui admet remettre en question l'utilité des vaccins en se fondant sur les plus récentes études de l'APA (Association pédiatrique ambulatoire) ne donne pas à ses patients des raisons de ne plus lui faire confiance. Il ne fait que leur dire qu'il se tient au courant des toutes dernières recherches.

Je n'ai qu'un test à vous proposer si vous voulez être absolument certain que la passion autour de laquelle vous développez une marque est également un produit « monétisable ». Pouvez-vous penser à au moins 50 sujets de blogues entourant votre passion et qui suscitent votre enthousiasme ? C'est à peu près le minimum dont vous aurez besoin pour vous donner le temps de bien sentir la situation.

Ceci étant dit, je suis convaincu que si vous avez une véritable passion, vous pourrez trouver 500 anecdotes, 500 commentaires intéressants pour en parler. La majorité des gens échouent avant même d'avoir commencé. Par exemple, un individu se passionne pour les autocollants, mais il pense: *Il est impossible que je gagne 100 000 dollars en parlant d'autocollants.* Mais voici pourquoi vous réussirez, parce que vous êtes le type d'individu qui dira: «Des autocollants? Mais oui, des autocollants!»

Racontez une histoire

Créer un bon contenu, c'est aussi raconter une histoire, que vous évoluiez dans le domaine de la vente au détail, du commerce interentreprises ou des services aux consommateurs. Si vous êtes agent immobilier et que votre territoire est Clark, au New Jersey, alors vous voudrez me dire ce qui fait de Clark une agglomération unique. Racontez-moi l'histoire de la ville, ne me parlez pas uniquement de la maison que vous voulez vendre. Faites-moi aimer l'endroit autant que vous l'aimez. Si vous êtes médecin, racontez-moi les cas intéressants que vous avez vus aujourd'hui. Parlez-moi des tendances que vous avez remarquées, ou donnez-moi des conseils ou votre opinion sur les vaccins contre la grippe.

Si votre passion est la vente, dites-moi pourquoi vous adorez ça, parlez-moi de votre technique de persuasion favorite, de vos clients les plus intéressants et de vos plus grands défis. Racontez-moi votre histoire, et si vous le faites bien, je reviendrai pour connaître la suite. Ensuite, je le dirai à mes amis, et eux aussi consulteront votre contenu, et là où mes amis et moi irons, les dollars suivront, sous forme de revenus publicitaires, de commandites et d'invitations à élargir votre plateforme. Communiquez avec moi, car c'est le meilleur communicateur qui gagnera.

Ne vous racontez pas d'histoires

Avez-vous la moindre idée du nombre de personnes qui se présentent à moi en disant : « Salut, je serai la prochaine Oprah » ? Je suis naturellement confiant, et je respecte quiconque a de grandes ambitions. Mais regardons les choses en face : ce n'est pas tout le monde qui deviendra une Oprah. Tout le monde a la faculté d'accéder à une grande conscience de soi, mais il nous arrive à tous de nous raconter des histoires. Certains d'entre nous, toutefois, sont plus mythomanes que d'autres.

Lorsque vous commencerez à réfléchir à votre gagne-pain, à votre passion et au contenu que vous voulez créer, puis-je vous suggérer de vous regarder dans le miroir et d'avoir la conversation suivante avec vous-même ?

« Est-ce que la technologie (ou les bonbons ou le marketing ou le soccer) est ma véritable passion ?

« Oui.

« Très bien. Ai-je le talent nécessaire pour devenir le meilleur blogueur au monde et parler de la technologie (ou des bonbons ou du marketing ou du soccer) ?

« Heu !… »

Si vous êtes incapable de répondre à ces deux questions : « Suis-je certain que ma passion est bien ce que je crois qu'elle est ? » et « Puis-je en parler mieux que quiconque ? » avec un « oui ! » catégorique, vous ne gagnerez pas. Vous n'arriverez même pas en 5e, ou 9e, ou 12e position, ce qui est néanmoins tout à fait respectable et rentable.

Mais n'ai-je pas dit que tout le monde peut gagner de l'argent en créant un blogue autour de sa passion ? Oui, je l'ai dit. Mais beaucoup de gens ont énormément de talent lorsqu'il s'agit de se faire des illusions. Et si c'est votre cas, vous ne gagnerez pas d'argent, vous ne serez pas heureux, et vous serez l'auteur d'un autre blogue ennuyeux sur Internet.

Vous pouvez monétiser n'importe quelle passion, mais son degré de rentabilité sera tributaire de la taille de votre créneau et de votre capacité à vous démarquer des autres joueurs. Cependant, il y a sur la Toile de quoi générer un joli chiffre d'affaires annuel de l'ordre de 40 000 à 75 000 dollars.

Choisissez soigneusement votre médium

Nous avons tous vu, lu ou écouté des blogues ennuyeux. En fait, la plupart des blogues qu'on trouve sur Internet sont très ennuyeux. Est-ce parce que leurs auteurs ne savent pas de quoi ils parlent ? Non, ces blogues sont dans la ligne, ils sont pertinents, ils sont instructifs. Le problème n'est pas que leurs auteurs ne savent pas de quoi ils parlent, mais qu'ils en parlent. Qu'ils soient introvertis ou extravertis, ils devraient probablement parler d'autre chose, d'un sujet qui les fait rayonner, qui les enthousiasme, qui permet à leur personnalité et à leur passion de jaillir de votre moniteur et d'attirer votre attention.

Beaucoup de gens ajoutent un blogue à leur site Web pour le rendre visuellement plus intéressant et pour offrir à leur auditoire un autre moyen d'obtenir de l'information, et c'est très bien. Mais l'ajout d'éléments vidéo ou audio uniquement pour le plaisir d'en rajouter ne propulsera pas votre marque et votre entreprise sur la lune. Ces outils ne sont efficaces que lorsqu'on les utilise à bon escient. Même l'introverti le plus terne devient pétillant lorsqu'il parle d'un sujet qui le passionne, et qu'il utilise le médium adéquat pour le faire.

Si vous regardez une vidéo produite par un ingénieur qui parle d'ingénierie et que c'est monotone, c'est que l'un de ces trois problèmes est présent : il ne parle pas du bon sujet, il n'utilise pas le bon médium, ou les deux. Si je passais une heure avec lui, peut-être découvririons-nous que le médium qui lui convient est l'écriture, et que sa passion est le baseball. Poussez-le à écrire sur le baseball, et je vous garantis qu'il obtiendra une meilleure rétroaction et de meilleurs résultats financiers que lorsqu'il traitait d'ingénierie.

Il y a des gens dont la place est devant la caméra, d'autres qui maîtrisent l'écriture, et d'autres encore qui brillent sur les ondes. Ce sont des gens extraordinaires. Les gens ordinaires, ceux qui forment la cohorte de la majorité des gens d'affaires et des entrepreneurs, n'ont pas le sens du spectacle inscrit dans leur ADN. Cela ne veut pas dire qu'ils ne réussiront pas, tant qu'ils demeurent réalistes quant au type de succès qu'ils remporteront. Les gens extraordinaires gagneront des millions de dollars et les revenus des Pierre, Jean, Jacques ordinaires oscilleront autour de 50 000 $. Est-ce décevant ?

Pensez-y sous cet angle : Oprah, qui est sans nul doute extraordinaire, a créé son image personnelle en utilisant le médium adéquat et le bon sujet, et elle a gagné des milliards de dollars, alors que la vaste majorité n'a rien engrangé. Aujourd'hui, n'importe quel individu peut gagner entre 40 000 $ et un million, tant et aussi longtemps qu'il combine judicieusement médium et passion. Dans la majeure partie du pays, un revenu de 50 000 $ est synonyme d'un niveau de vie appréciable, et vous en jouissez parce que vous progressez sur un terrain difficile chaque jour dans les bureaux de votre employeur. Mais voilà qu'aujourd'hui, vous avez la possibilité de toucher le même revenu en parlant de quelque chose dont vous êtes passionné. C'est une bonne affaire. Saisissez-la.

Apprenez à vous connaître. Choisissez le bon médium, choisissez le bon sujet, créez un contenu génial, et vous pourrez gagner beaucoup d'argent tout en étant heureux.

L'appât et le lasso

Votre contenu devra comprendre deux volets. Le premier agira comme un appât : c'est l'étape de sa création, de son affichage et de sa découverte par les gens. Vous utiliserez le second volet comme un lasso en faisant des commentaires sur d'autres contenus qui ont un lien avec le vôtre, en vous immisçant dans des conversations et en donnant activement à votre auditoire des raisons de venir vers vous. Mais bien entendu, il faudra bien que les gens puissent trouver quelque part ce remarquable contenu que vous aurez créé.

six

Choisissez votre plateforme

Vous avez donc un produit, un service ou un contenu génial, et vous allez maintenant diffuser votre message au moyen d'un blogue. Trois formats sont offerts dans le monde virtuel, et certaines personnes les combinent parfois : la vidéo, l'audio et l'écrit.

Il existe déjà une tonne d'informations décrivant dans les menus détails la façon d'utiliser toutes ces plateformes. Plutôt que de vous faire perdre votre temps ici en répétant ce qui a déjà été dit, je vous recommanderai dans ce chapitre les meilleures ressources disponibles. Je préfère m'assurer que vous compreniez les fonctionnalités globales de ces plateformes. Ceci étant dit, les trois prochains chapitres donnent des descriptions et des explications générales de toutes les composantes dont vous aurez besoin pour ériger une entreprise prospère au moyen des médias sociaux. Au chapitre 10, vous trouverez un exemple détaillé du processus de création d'une image personnelle faisant appel à pratiquement tous les concepts et techniques dont nous aurons discuté.

Cette étape de la création de votre entreprise a encore une fois trait à votre ADN. À mon avis, le médium le plus efficace est la vidéo, et c'est cette plateforme que je préfère. Elle permet de capter plus facilement l'attention de l'auditoire et de l'attirer, car les gens lisent de moins en moins. Je crois également qu'il est très avantageux de permettre aux gens de vous voir lorsque vous tentez de promouvoir votre image personnelle. N'allez pas croire qu'un sujet est tabou dans un vidéoblogue. Si votre passion est la vente, faites un exposé sur la vente. Pouvez-vous imaginer Victor le Vendeur qui changerait de produit chaque jour ? Le lundi, il vendrait des fleurs, le mardi, il tiendrait un marché aux puces, et ainsi de suite pendant toute la semaine. Ou peut-être se trouverait-il un emploi et ferait-il la chronique de son ascension au titre de vendeur de l'année.

Si vous êtes comptable, vous pouvez aussi réaliser une vidéo. Cela ne m'intéresse absolument pas de lire un blogue sur la comptabilité, mais je regarderai volontiers votre vidéo si vous avez assez de talent pour rendre intéressants des sujets tels que les bilans et les bénéfices d'exploitation, surtout si vous y insufflez votre personnalité et tout ce qui fait de vous un être unique. Faites cela et le public vous trouvera. Je vous le garantis.

J'utilise la vidéo parce que j'adore parler, que je suis doté d'une forte personnalité et que ce médium est celui que je trouve le plus amusant. Mais encore une fois, ne faites pas de compromis avec votre ADN. Si vous êtes gauche devant la caméra, mais que vous avez beaucoup de personnalité et une voix agréable, ne vous forcez pas à réaliser une vidéo, optez plutôt pour le balado audio. Pensez-y ; ce ne sont pas uniquement les mordus de l'automobile qui écoutent le *Car Talk's* de Click et Clack, les animateurs d'une émission de radio hebdomadaire et d'un balado sur NPR. Ils sont si amusants, charismatiques et connaissent si bien leur sujet qu'ils pourraient parler, avec leur accent bostonien, de carburateurs à longueur de journée sans jamais ennuyer personne.

Faites la même chose en parlant de photographie, de café, de savon ou de plongée sous-marine. Si vous avez une voix aiguë ou nasillarde, ou si vous êtes timide mais bon rédacteur, le blogue écrit est de toute évidence la plateforme idéale pour vous. De nos jours, les histoires de gens qui ont réussi à monétiser un contenu génial abondent. Pourquoi ne seriez-vous pas l'un d'eux ?

Les blogues ont d'autres avantages. Étant donné que leur contenu change et se développe chaque jour, les gens ont plus de facilité à vous trouver en faisant une recherche sur Internet. Un site Web ne le permet pas. La publication d'une page Web peut nécessiter énormément de travail et même l'apprentissage d'un nouveau logiciel, alors qu'un perroquet peut afficher un blogue. C'est facile, c'est personnalisable, adaptable et c'est gratuit. Que voulez-vous de plus ?

Si vous avez déjà un site Web commercial ou si vous vous intéressez surtout au commerce électronique interentreprises, vous vous devez de lancer un blogue (et il se peut fort bien que vous abandonniez votre site Web lorsque vous verrez à quel point c'est simple). Pensez-y de cette manière : votre site Web a pour but d'informer la clientèle sur la logistique de votre entreprise et de favoriser les ventes ; votre blogue sert à diffuser l'essence de votre image personnelle. Vous pouvez ainsi parler en détail de votre sujet d'une manière qu'un site Web statique ne permet tout simplement pas.

Par exemple, si votre entreprise vend des logiciels, votre site Web décrira les produits et les services que vous offrez, mais dans un balado audio, vous pourrez dire ce que vous pensez des tendances actuelles, ou vous pourrez interviewer des leaders de l'industrie qui utilisent vos produits, et même des gens qui ne s'en servent pas, afin d'explorer le sujet plus à fond. Si vous donnez aux gens qui s'intéressent aux logiciels une occasion de vous connaître comme un être humain de chair et de sang, qui pense et qui est intéressant, et qui en plus connaît tout ce qu'ils veulent savoir sur les logiciels, ils seront beaucoup plus enclins à faire affaire avec vous.

Votre blogue deviendra votre domicile principal, votre siège social préconisant une politique de portes ouvertes en tout temps et où tout le monde pourra vous trouver. Il servira également à entreposer l'ensemble du contenu que vous créerez, constituant ainsi des archives que les gens pourront consulter pour voir comment votre entreprise et vous avez évolué et grandi. Ce sera un lieu où vous pourrez parler aussi fort, aussi longtemps et avec autant de profondeur que vous le souhaitez.

Vous devrez être constamment présent et interagir en ligne avec la communauté de gens qui partagent votre passion et qui constituent également votre électorat. Pour ce faire, vous devrez vous démarquer sur l'une des nombreuses plateformes virtuelles, où vous ferez la majeure partie de vos activités de marketing et de réseautage social.

Les incontournables

En décembre 2008, j'ai dépensé 7 500 $ pour offrir des codes d'expédition gratuits aux gens qui feraient des achats sur Winelibrary.com, et ce, par le biais de trois canaux commerciaux et publicitaires : un panneau-réclame parfaitement situé sur le New Jersey Turnpike, le publipostage et la radio. Le panneau-réclame a généré 170 commandes, la radio environ 240, et le publipostage un peu plus de 300. Et puis, j'ai affiché un code sur Twitter, sans débourser un sou, et j'ai reçu 1 700 commandes en 48 heures. Ce que cette anecdote devrait vous faire comprendre, c'est que les nouvelles plateformes sont tout, et que les plateformes traditionnelles perdent du terrain. Si ces dernières ne s'ajustent pas bientôt, elles disparaîtront ou, en mettant les choses au mieux, elles n'auront plus beaucoup d'utilité. Dans l'état actuel des choses, ces plateformes traditionnelles ne devraient être utilisées que par les grandes entreprises qui peuvent se permettre les tarifs en vigueur.

La télévision, les journaux et la radio étaient les plateformes universelles il n'y a pas si longtemps. Par le biais de ces canaux de distribution, les entreprises et certains veinards branchés pouvaient diffuser leur contenu partout dans le monde en l'espace de quelques jours. Aujourd'hui, toutefois, toutes ces plateformes se trouvent supplantées par la plateforme la plus gigantesque du monde, le réseau Internet. Et sur cette plateforme mondiale, on retrouve des sous-plateformes de marketing social, et ce sont là les outils que vous utiliserez pour diffuser votre contenu génial et faire connaître votre image personnelle à la masse, non pas en quelques jours, mais en quelques secondes.

La différence entre la promotion de votre marque par le biais des outils de marketing et des médias publicitaires traditionnels, et le recours aux plateformes de réseautage social sont similaires à ce qui distingue l'envoi d'un message par Pony Express et le clavardage sur Instant Messenger.

Bien sûr, vous pouvez toujours utiliser le premier moyen, mais il y a de fortes chances que le destinataire ait déménagé et vous ait oublié lorsque votre message lui parviendra.

Il y a pratiquement surcharge des plateformes de réseautage social. Les gens utilisent actuellement 50 ou 60 plateformes pour diffuser un contenu commercial, et lorsque ce livre paraîtra, il y en aura encore plus. Cependant, il convient que vous vous familiarisiez seulement avec les plus importantes d'entre elles. Certaines ont des noms bizarres, mais autrement, elles ne diffèrent pas des marteaux, pots de peinture, télécopieurs et téléphones que les gens ont utilisés pendant des générations pour ériger des entreprises, et faire connaître leurs produits et services. Le reste de ce chapitre présente un survol des plateformes de marketing social les plus en vue, ainsi que l'utilisation optimale que l'on peut en faire.

Wordpress et Tumblr

Toutes les autres plateformes conduisent à celle-ci – votre domicile, votre destination, votre blogue. Wordpress et Tumblr sont les meilleures et les plus populaires plateformes de blogues actuellement disponibles. Bien entendu, il y en a d'autres – Blogger et Six Apart en particulier sont bonnes (et ça mijote fort chez Six Apart ; au moment où cet ouvrage paraîtra, il se peut fort bien qu'elle soit dans la course) – mais je vous parlerai ici de deux plateformes que j'ai utilisées et aimées. Wordpress est le leader en titre et compte le plus grand nombre d'utilisateurs. Son design est un peu chargé, et il faut franchir plusieurs étapes pour afficher un contenu, mais ce n'est pas difficile à apprendre.

De fait, cette plateforme offre quelques fonctionnalités très intéressantes aux utilisateurs avancés, bien qu'à mon avis, il ne soit pas nécessaire d'acquérir toutes ces habiletés. L'une de ses caractéristiques les plus séduisantes est un excellent serveur d'archives, facile d'utilisation et muni d'un moteur de recherche qui permet aux gens de trouver tout ce que vous avez affiché. Et Wordpress permet également une personnalisation sophistiquée de votre page. Aussi, je suis un fervent adepte des « thèmes », ces options de design parmi lesquelles vous pouvez choisir lorsque vous créez votre page. Je les trouve très élégants.

Tumblr, d'un autre côté, est un site dont le design est très simple et qui est archifacile à utiliser. On peut bien sûr afficher des photos et des vidéos sur Wordpress, mais Tumblr offre des canevas spécifiquement conçus pour le type de contenu que vous souhaitez créer : texte, photo, ajout de liens, vidéo ou musique. Cliquez sur « Create Post »[1] et le tour est joué.

De plus, peu de gens savent que Tumblr est la seule plateforme de blogues qui hébergera gratuitement votre domaine, ce qui vous permettra d'économiser des centaines de dollars chaque année. Cela signifie que vous pouvez vous identifier comme Sylviehautecouture.com (vous devez d'abord acheter votre nom auprès de GoDaddy.com) au lieu de Sylviehautecouture.tumblr.com. Cette option est également disponible sur Wordpress – Sylviehautecouture.com ou Sylviehautecouture.wordpress.com –, mais vous devrez payer des frais pour ne pas utiliser le nom de la plateforme.

---

1. « Affichez les canevas ».

Un autre avantage de Tumblr, c'est qu'il permet de « rebloguer ». Sur Wordpress, il faut écrire un nouveau billet si vous voulez diriger d'autres personnes vers une histoire que vous avez lue. Mais lorsque les utilisateurs voient un contenu qu'ils aiment sur Tumblr, ils peuvent cliquer sur le bouton « rebloguer », ce qui leur permet de « culbuter » le contenu. Ils utilisent ainsi votre blogue pour étoffer une histoire présentée par quelqu'un d'autre. C'est exactement le type de bouche à oreille 2,0 que vous souhaitez encourager chez votre auditoire.

Envoyez-moi un courriel à Gary@vaynermedia.com, en anglais, pour obtenir des détails sur la conférence de presse que je donnerai pour expliquer pourquoi je suis un fan de Tumblr.

Lorsqu'on utilise ces plateformes, il faut accorder une attention toute particulière à l'interface-utilisateur de votre blogue. Considérez les boutons de « suivi » comme s'ils étaient des éléments d'étalage dans la vitrine de votre magasin. Ce sont eux qui transformeront vos visiteurs en une clientèle acquise.

Boutons d'appel à l'action

Ces boutons incroyablement importants ont trait à l'élargissement du bassin d'utilisateurs. « Subscribe to Email », « Friend Me Up », « Follow me », « Become a Fan » [2]. Ce sont des moyens de suggérer à vos utilisateurs de prolonger leur interaction avec votre marque. Lorsque vous vous démenez pour développer votre réseau social et attirer une communauté dans votre domaine, c'est pour que les visiteurs cliquent sur l'un ou plusieurs de ces boutons. Si vous tentiez d'amener des gens à socialiser avec vous ou à vous suivre sur Facebook ou Twitter, vos requêtes s'afficheraient comme des pourriels. Dans le coin supérieur droit de mon blogue, j'ai maintenant un bouton « Achetez mon livre ». Pouvez-vous imaginer à quel point je paraîtrais détestable si j'envoyais des billets chaque jour pour solliciter cet appel à l'action ? J'utilise plutôt d'autres éléments de ma boîte à outils pour rediriger les utilisateurs vers mon blogue, où je les surprends agréablement avec mon contenu, ce qui les pousse ensuite à cliquer sur le bouton d'appel à l'action « Achetez mon livre ». Leur visite devient pour moi une occasion de développer mon image personnelle et d'accroître mes revenus.

Fonctions de partage

Ces fonctions ont trait au bouche à oreille. Ce sont les boutons qui se trouvent sur votre site et qui permettent à vos visiteurs de partager aisément votre contenu avec les membres de leurs réseaux sociaux – « Stumble Upon »,

---

2. « Abonnement aux courriels », « Ajout comme ami », « Suivez-moi », « Devenez un fan ».

« Digg », « Reddit », « Facebook », « Email This »[3]. Ils servent à orienter les utilisateurs vers la source, c'est-à-dire votre contenu, et de le distribuer rapidement et aisément s'ils le trouvent excitant et intéressant.

Si vous êtes incertain quant à la façon d'utiliser les plateformes dont je traite dans cet ouvrage – ou tout autre outil, vraiment – il suffit de lancer une question sur Google. Il y a certainement quelqu'un, quelque part, qui a eu le même problème ou qui s'est posé la même question que vous, et vous trouverez certainement une solution ou une réponse sur le Web. YouTube est souvent une excellente ressource, car il fournit une « marche à suivre » en format visuel. Twitter permet également d'obtenir de bons résultats. Ce

3. Ces boutons servent à effectuer une recherche au hasard, à voter pour un contenu et à communiquer avec un ami.

n'est pas par paresse que je vous dirige vers Google, YouTube et Twitter. Je le fais pour que vous constatiez que toute l'information dont vous avez besoin se trouve à portée de main. Je sais que vous espériez que je propose quelques liens et ressources, mais je vais plutôt vous apprendre à pêcher efficacement. Je ne peux pas appâter votre ligne à votre place. Ceci étant dit, vous savez où me joindre directement : gary@vaynermedia.com.

Facebook

Vous avez certainement entendu parler de Facebook. Au cours des cinq dernières années, c'est le site de réseautage social qui a connu la croissance la plus rapide, attirant tout le monde, des préados qui ne veulent pas rater une fête aux grands-mères qui retracent les membres de l'association de scoutisme dont elles faisaient jadis partie. À partir de Facebook, vous pouvez partager des photos, des articles, des vidéos, ainsi que de l'information sur vos voyages et sur la musique que vous écoutez, bref tout ce que vous êtes prêt à révéler sur votre vie privée. C'est une plateforme conviviale et amusante qui offre tout de même deux espaces où parler de votre entreprise : 1) votre profil normal, qui peut aussi signaler aux gens que vous êtes membre du groupe Kitesurfing for Entrepreneurs, que vous avez fait un test de personnalité qui a révélé que c'est au personnage de Chewbacca que vous ressemblez le plus, et que vous avez hâte d'assister au concert de Bruce demain soir ; et 2) une page d'amis.

Si vous évoluez dans le domaine du commerce, si vous lisez ce livre, vous vous devez d'avoir une page d'amis sur Facebook. Mais pourquoi, si votre profil d'utilisateur peut donner la même information ? Parce que ce profil ne vous permet pas d'avoir plus de 5 000 amis. Donc, si vous êtes comme moi et tentez de créer un capital-marque, vous ne voulez pas vous retrouver dans l'obligation de refuser 19 000 demandes d'amis, ce qui serait mauvais pour les affaires et nuirait à votre réputation. Qui n'a jamais entendu parler d'une entreprise qui se limite à 5 000 clients ? Votre page d'amis vous permet également d'acheminer un courriel à tous vos contacts dans un envoi unique et permet aux gens d'interagir avec votre page.

En effet, s'ils se joignent à votre page ou y affichent un billet, cela apparaît sur votre fil de nouvelles – « Gary Vaynerchuk est un ami de Charles le Charpentier » – et mes amis le voient, ce qui peut éveiller leur curiosité et les inciter à consulter la page de Charles le Charpentier, où ils pourront prendre connaissance d'une mise à jour de son statut, de photos de son travail et d'un lien pour accéder à son blogue où ils pourront visionner des vidéos de lui en train de travailler pendant qu'il raconte comment il a eu l'idée de construire une table de salle à manger à trois pattes, ce qui lui vaut une occasion de réaliser une vente. Et un jour, le directeur de l'American Society of Furniture Designers consultera peut-être le blogue de Charles le Charpentier et l'invitera à participer à un congrès et à s'adresser aux membres de l'organisation. Et très bientôt, Charles gagnera de l'argent en construisant des tables magnifiques et en en parlant à travers tout le pays. Merci, Facebook.

Si vous avez un profil personnel ou avez créé un groupe pour votre entreprise, ne l'effacez pas. Laissez simplement un lien sur votre ancien profil ou votre page de groupe qui dirigera les utilisateurs vers votre nouvelle page d'amis.

Alors que votre page d'amis devrait toujours avoir une vocation professionnelle, certaines personnes utilisent également leur page de profil personnel pour parler de leur entreprise. C'est là une décision qui n'appartient qu'à vous et à votre ADN. Ce que vous faites sur Facebook (et Twitter, dont nous parlerons ensuite) doit refléter fidèlement la façon dont vous vivez chaque jour. Les gens d'affaires expérimentés savent déjà que la majeure partie de la création d'un réseau et d'une image personnelle se fait dans des environnements informels – au stade de baseball, lors d'un pique-nique, en faisant la promenade du chien, surtout lorsqu'il mêle sa laisse à celle d'un autre quadrupède. Si vous parlez boutique à chaque cocktail auquel vous assistez, engagez la conversation avec vos voisins lorsque vous prenez l'avion, ou distribuez votre carte professionnelle au mariage de votre cousin, alors votre profil personnel devrait également offrir une mise à jour de vos activités professionnelles.

Ce n'est là qu'un prolongement de votre quotidien. Vous pouvez à l'occasion combiner des éléments de votre vie personnelle et de votre vie professionnelle et permettre ainsi aux gens de se faire une idée de votre personnalité. Il est tout à fait possible d'afficher un sain amalgame de mises à jour, par exemple : « J'adore les croquettes de viande et de maïs au petit déjeuner », « je viens de vendre ma millionième unité » et « dans deux heures, j'animerai un séminaire en ligne sur les médias interactifs. Qui sera là ? » La chose la plus importante dont il faut se souvenir, c'est de demeurer authentique, d'être soi-même. Cette authenticité sera votre plus grand gage de succès.

Il y a sur Facebook des paramètres de confidentialité qui vous permettent de compartimenter vos groupes de contacts et amis de manière à ce que certains ne puissent consulter que certaines parties de votre page Facebook, comme votre page d'infos où vous aurez affiché votre cheminement professionnel, et non pas le babillard où vous aurez mentionné que vous avez la gueule de bois. Je vous conseille d'ignorer ces paramètres de confidentialité, car je ne crois pas qu'il soit utile d'imposer des restrictions à votre marque, mais si cela vous met mal à l'aise de vous exposer entièrement devant le monde entier, n'hésitez pas à utiliser ces filtres. Cela aura bien entendu un coût sur le plan professionnel, mais ce dernier ne doit jamais excéder le coût qu'entraîne la violation de la vie privée.

Twitter

Lorsque vous lirez ces lignes, Twitter sera devenu un verbe – les gens twitteront comme tout le monde google et xéroxe. Comme avec Facebook, vous utiliserez Twitter pour afficher votre contenu, quoique de manière très concise – 140 caractères au maximum – et pour suivre le contenu tout aussi concis d'autres personnes. Certaines personnes ont une réaction incrédule devant Twitter. « Qui voudrait bien savoir que je m'en vais chez le pédicure, ou que je pense manger des bâtonnets de poisson pour dîner ? » Mais le jour où j'ai découvert Twitter, j'ai su que c'était un moyen de prendre le pouls de la société ; c'est aussi le site Web le plus révolutionnaire que j'ai vu avant Facebook. Vous croyez qu'il rend les gens perplexes aujourd'hui ? Vous auriez dû les voir se gratter la tête en 2007 lorsque j'ai commencé à l'utiliser et à en parler.

Voici mon avis : beaucoup de gens veulent savoir dans les moindres détails ce que vous faites et pensez, mais ils ne veulent tout simplement pas l'admettre. Nous avons tous un petit côté voyeur, et Twitter nous a donné la permission d'y céder. Mais le fait que vous puissiez instantanément faire part de vos préférences alimentaires à des milliers de personnes ne constitue même pas l'une des cinq principales raisons qui font sans doute de Twitter l'outil de création d'image personnelle le plus puissant dont vous pouvez disposer.

Premièrement, il agit comme un solide publitémoignage. Lorsque quelqu'un *re-tweet* ce que vous dites, il affirme que vous êtes intelligent et qu'il vaut la peine de vous prêter attention. Cela a une valeur inestimable. Lorsqu'une personne *re-tweet*, elle permet à un contenu qu'elle trouve sérieux ou pertinent ou amusant ou excellent de voyager à travers le monde avec beaucoup de rapidité et d'efficacité. Tumblr est doté de la fonction de « culbutage », qui est similaire, mais Twitter est dominant et grand public. Dès le début, il a été conçu pour servir de plateforme mobile. Donc, même si Facebook a une application que vous pouvez utiliser à partir de votre téléphone, Twitter a un capital-marque de réseau social mobile déjà bien établi, et la plupart des gens le choisissent en premier lieu.

Deuxièmement, il offre les avantages de la conférence de presse, permettant aux entreprises d'entretenir des relations plus étroites avec leur clientèle. Il ramène les six degrés de séparation à un seul. Il est également devenu un outil de base pour les dirigeants d'entreprises qui veulent informer le monde de leurs activités et, peut-être plus important encore, de ce qu'ils pensent. Et il permet aux entreprises de réagir immédiatement aux préoccupations de leur clientèle. Par exemple, dès que je lis le billet d'un individu qui croit que mes frais d'expédition sont trop élevés, je suis en mesure de le joindre et d'en discuter avec lui.

Nous verrons de plus en plus d'exemples d'entreprises qui réagiront aux lames de fond provoquées par ces *tweets*, comme lorsque Motrin a été pointée du doigt par des mamans-blogueuses qui considéraient qu'une de ses publicités était irrévérencieuse envers l'amour parental, ou lorsque Amazon a été accusée de censure à la suite de ce que le *New York Times* a qualifié d'un « épisode de *tweets* enragés » provoqué par une « erreur de catalogage » qui avait effacé des milliers de livres, dont un grand nombre traitait d'homosexualité, de ses classements de ventes et de sa page de recherche.

Cependant, les entreprises ne devraient pas attendre qu'une catastrophe survienne pour prêter attention à ce que les gens ont à dire. La vraie beauté de Twitter et de Facebook (et de tous les autres sites de réseautage social), c'est qu'ils offrent une formidable occasion aux entrepreneurs et aux entreprises d'être constamment au courant de ce que leurs clients pensent d'eux. Ce type d'interaction avec la clientèle devrait avoir lieu dans chaque entreprise, chaque jour.

Troisièmement, Twitter est un outil de recherche et de développement qui vous permet de vous approvisionner par la foule. Qui a encore besoin de groupes de consultation ou même des études de Nielsen lorsqu'on peut tout simplement publier la question : « Est-ce que vous regardez *Danse avec les stars* et cette émission devrait-elle rester en ondes ? », et obtenir directement une réponse des internautes ? Vous pouvez utiliser Twitter pour vous tenir au courant des activités de vos concurrents, et aussi des réactions de leurs clients. Saks a récemment ouvert un rayon de chaussures à New York et s'est entendu avec le service des postes pour obtenir son propre code postal. Si j'avais travaillé chez Bloomingdale's ou Bergdorf, je me serais précipité sur Search.Twitter (voir plus loin) pour savoir ce que les gens avaient à dire de ce programme de marketing.

Quatrièmement, il permet au sujet le plus banal d'alimenter une conversation. Google et YouTube sont des moyens fiables pour obtenir de l'information, mais ce sont des outils à sens unique. Vous posez une question, vous obtenez une réponse, et c'est tout. Vous pouvez envoyer des courriels, mais vous êtes limité au nombre de personnes que vous connaissez. Mais si vous *tweetez* : « Je cherche un spécialiste de PowerPoint », vous rejoindrez des milliers de personnes, et la première chose que les gens voudront savoir lorsqu'ils vous répondront, c'est ce que vous voulez présenter et à qui, ce qui vous donnera une foule d'occasions de parler de ce que vous faites et de qui vous êtes, et bingo, vous créerez un capital-marque. Twitter est une avenue à double sens qui vous mène très loin, très rapidement.

Cinquièmement, c'est un véhicule extraordinaire pour propager vos intentions commerciales. Si vous lisez ce livre, c'est que vous avez des intentions commerciales : vous voulez créer une image personnelle, vendre un produit, trouver une source de revenus. Affichez ces intentions sur Twitter, et vous serez étonné par la réponse des gens.

Mais le meilleur usage que vous puissiez faire de Twitter, c'est de vous en servir pour attirer les gens sur votre blogue. Faites en sorte que vos *tweets* de 140 caractères soient fascinants, réfléchis et d'une qualité suffisante pour pousser les gens à en apprendre davantage sur vous et à dévorer votre contenu. Vous pouvez afficher un excellent contenu sur

Twitter – plusieurs personnes ont obtenu des résultats extraordinaires en développant leur capital-marque sur cette plateforme –, mais à cause de la limite de 140 caractères, vous devrez beaucoup *tweet*er pour avoir le même impact avec votre contenu qu'avec votre blogue.

De plus, il y a toujours le risque que vos billets soient perçus comme des pourriels lorsque vous *tweet*ez à grande échelle. Je crois qu'il est plus efficace et efficient de créer des liens renvoyant à votre blogue. Même les individus qui sont bien connus sur Twitter ont recours à ces liens. Chris Sacca est un grand maître du *tweet*, mais il a aussi un blogue. C'est vrai qu'il ne s'y rend qu'une fois par mois. Il ne m'a pas demandé mon avis, mais je crois qu'il pourrait accroître son capital-marque s'il bloguait chaque jour. Cela donnerait aux gens encore plus de raisons de le suivre. À chacun son ADN, toutefois.

Si vous n'utilisez pas Twitter parce que vous faites partie du camp qui trouve cet outil stupide, vous perdrez. Stupide ou pas, c'est un moyen de communication gratuit. Cela a de la valeur en soi et vous devriez en profiter. Utilisez Twitter de la même façon que vous utilisez votre téléphone cellulaire, une carte routière ou un GPS – ce n'est qu'un autre outil pour vous rapprocher des gens et des lieux dont vous avez besoin.

Pour vous inspirer, lisez « 50 Ideas on Using Twitter for Business »[4], de Chris Brogan, à http://www.chrisbrogan.com/50-ideas-on-using-twitter-for-business/

N'exigeant qu'un investissement minime en matière de temps, Twitter permet au consommateur de dire à la terre entière ce qu'il trouve branché, nul ou intéressant. Faites bien votre travail, et vous deviendrez le sujet branché et intéressant qui circule, ce qui attirera des visiteurs sur votre blogue, ce qui captera l'attention de gens dont les poches sont bien garnies. Il y a dix ans, il vous aurait fallu des mois, sinon des années, pour générer ce genre de bouche à oreille. Aujourd'hui, quelques secondes suffisent.

4. « 50 idées pour faire des affaires avec Twitter ».

Voici le meilleur *tweet* professionnel de tous les temps :

« Que puis-je faire pour vous ? »

Vous serez surpris du nombre de réponses que vous obtiendrez. Vous êtes dans les affaires pour servir votre communauté. Ne l'oubliez jamais.

En mai 2009, lorsque cet ouvrage a été mis sous presse, Search.Twitter.com était le site le plus important sur Internet. Search.Twitter permet de prendre avec exactitude le pouls de la population à propos d'un sujet. Par exemple, supposons que vous travaillez pour Wyeth Consumer Healthcare, et plus précisément pour Advil. Allez sur Search. Twitter et entrez le mot *migraine* dans la case de recherche, dans la partie supérieure droite de votre page Twitter. Vous pourrez voir que 20 personnes ont tapé ce même mot dans leur *tweet* au cours des 3 dernières minutes, dont une femme appelée Jillian, qui écrit : « J'ai une terrible migraine. C'est comme si quelqu'un m'avait donné un coup de marteau sur la tête. »

Vous pouvez cliquer sur « Suivre ». Si elle choisit de vous suivre à son tour, vous pourrez échanger des messages directs (MD) avec elle ou @répondre publiquement : « Salut Jillian. Je travaille pour Advil et je viens d'apprendre que vous avez mal à la tête. J'en suis désolé. J'adorerais vous envoyer un flacon de notre produit. Si cela vous intéresse, envoyez-moi un MD en y inscrivant votre adresse. » La majorité des gens sauteront sur l'occasion d'obtenir un produit gratuit, et vous aurez créé l'expérience la plus intime qui soit avec une marque. Ou encore, si je fais une recherche maintenant, je constate que 15 personnes ont dit qu'elles avaient soif au cours de 23 dernières minutes. C'est là une occasion en or pour quelqu'un qui évolue dans l'industrie des boissons pour sportifs, ou de l'eau embouteillée, ou du vin.

Mais comment éviter d'ennuyer les gens ou, pire encore, de leur faire croire que vous leur envoyez un pourriel ? Chaque personne a sa propre version de ce qui est agaçant. Je n'ai rien contre les gens qui m'écrivent pour me proposer des produits gratuits que je pourrai utiliser. Et n'oubliez pas que vous, le fournisseur de contenu, pouvez ensuite communiquer avec ceux qui auront décidé de vous suivre – aucun MD n'est possible autrement. C'est comme si vous tendiez la main et permettiez à quelqu'un de la serrer (vous pouvez toujours @ répondre, mais c'est à mon avis l'équivalent de crier : « Hé, vous ! » ; c'est moins poli). Vous voulez également transmettre votre message sous une forme proactive et branchée. Vous ne dites pas à Jillian de sortir et d'acheter votre produit ; vous lui donnez une occasion de l'essayer si elle en a envie.

Vous ne cachez pas non plus votre affiliation avec votre entreprise et votre marque. Si quelqu'un décide de vous suivre, il verra sur votre profil que vous êtes gestionnaire de la marque Advil. Si vous demeurez franc et honnête, la majorité des gens accepteront d'écouter ce que vous avez à dire sur votre produit. Mais si vous envoyez un MD et que le destinataire vous trouve vulgaire, il cessera de vous suivre. Son flair est meilleur que tout détecteur de pourriel. Ne trahissez pas sa confiance.

Si votre blogue est votre résidence, alors des plateformes telles que Twitter et Facebook sont vos maisons de vacances. Vous ne pouvez pas afficher de longs contenus sur ces sites (en fait, oui vous le pouvez, mais ce n'est pas efficace et je ne vous le recommande pas), et vous avez besoin d'un espace gratuit pour faire des affaires, un espace où les gens n'ont pas à être membres pour vous voir. Votre contenu sera hébergé de façon permanente sur votre blogue, et vous utiliserez ces plateformes pour distribuer votre marque et attirer l'attention sur son lieu d'hébergement.

Lorsque ce livre a été mis en prévente, j'ai utilisé Twitter et Facebook pour attirer les gens vers mon blogue et, surtout, pour convertir mes boutons d'appel à l'action en occasions de consolider ma marque. Voici comment : j'ai affiché sur mon blogue une vidéo dans laquelle j'annonçais avec enthousiasme la parution de mon livre. Je parlais de mon sujet et de l'importance qu'il avait à mes yeux. En plus des liens incontournables avec B&N et Amazon, j'ai ajouté une ligne disant: « Parlez de ce livre à vos amis », avec en dessous des liens vers Twitter et Facebook.

Si vous alliez sur Twitter, vous trouviez un *tweet* prérédigé incluant un lien vers mon blogue, et ma vidéo en particulier, que vous pouviez envoyer à vos amis. Si vous alliez sur Facebook, vous trouviez une boîte de message dans laquelle vous pouviez écrire un billet, pour ensuite mettre votre page à jour en ajoutant un lien vers mon blogue. De plus, j'ai ajouté sur mon blogue un bouton « Appuyez le livre de Gary », ce qui dirigeait les utilisateurs vers une autre page où je les remerciais de leur intérêt et offrais un *widget* (gadget logiciel) de mon livre qu'ils pouvaient ajouter sur leur propre site Web ou blogue. Cette page comprenait également des liens vers Twitter et Facebook, et comme toujours, mon adresse électronique.

Je ne cache pas que je suis un fan de Twitter et de Facebook, mais ces sites sont également très appréciés par un grand nombre de gens et la concurrence y est déjà féroce. C'est pourquoi je songe à une nouvelle stratégie. Pourquoi ne pas explorer certains autres sites similaires à Facebook, même si leur étang contient moins de poissons ? C'est vrai, leur bassin est plus petit, mais leurs berges ne fourmillent pas de pêcheurs, ce qui signifie que les chances d'attraper un gros poisson sont bien meilleures. Voici les sites que j'examine actuellement de près :

- Plaxo, un site professionnel ;
- High Five ;
- Bebo, très achalandé au Royaume-Uni et le 3e plus grand réseau social après Facebook et MySpace ;

- FriendFeed ;
- Orkut, très achalandé au Brésil.

Flickr

Ce site de partage de photos est assurément un étang où il vaut la peine de pêcher. Il regroupe une tonne d'utilisateurs passionnés, bien que je ne sois pas l'un d'eux, car la photographie ne parle pas à mon ADN. Mais la photo passionne beaucoup de gens. Toute plateforme qui offre une excellente fonctionnalité de recherche est idéale pour qui cherche des occasions d'affaires, et il y a des millions de personnes qui font des recherches sur Flickr. Il y a deux façons de faire connaître votre contenu sur ce site. Vous pouvez afficher des photos de manière à ce que les visiteurs qui cliquent dessus découvrent qui vous êtes et le lien qui conduit à votre blogue, ou vous pouvez cliquer sur les photos d'autres utilisateurs et laisser des commentaires qui les intrigueront suffisamment pour qu'ils vous répondent.

Si votre passion se prête à la photo, comme les oiseaux, les bijoux, la coiffure ou la décoration intérieure, vous pourrez faire un malheur sur ce site. Si j'ai organisé une fête avec dégustation de vins, je peux afficher des photos de l'événement, ce qui pourra piquer la curiosité de quelqu'un. Ou encore, si je publiais sur ce site l'étiquette de tous les vins dont je parle dans mes vidéos, je pourrais en théorie accroître l'achalandage sur mon blogue. De fait, maintenant que j'y pense, je trouve insensé de ne pas l'avoir déjà fait. Tous ceux qui s'intéressent au vin devraient pouvoir me trouver sur Flickr. J'ai donc intérêt à m'y mettre.

J'admire Moo (www.moo.com) parce que cette entreprise a utilisé Flickr et Facebook pour réinventer des produits vieux et fatigués – cartes professionnelles, blocs-notes et autocollants. Leurs clients peuvent utiliser leurs propres photos ou des images offertes sur le serveur des sites partenaires de Moo. Vous pouvez même faire imprimer une image différente sur chaque carte d'un même lot, et permettre aux gens de choisir celle qu'ils préfèrent, amorçant du coup une conversation spontanée à propos de votre marque. Cela démontre bien à quel point un produit peut devenir grand lorsqu'on l'aborde sous un angle nouveau.

YouTube ou Viddler

Ce sont deux plateformes d'hébergement de vidéos que j'utilise et que j'aime. YouTube est immense comme l'océan : vous pouvez y naviguer et rentrer au port avec un bateau rempli de poissons. Mais vous devrez aussi affronter la concurrence de millions de pêcheurs. Viddler est beaucoup plus petit, ce qui vous permet de voir et d'être vu plus facilement. Vous pouvez également personnaliser votre lecteur de manière à ce que les utilisateurs qui visionnent votre vidéo ne voient que votre logo en dessous, et je crois que cela a une certaine valeur. Si vous utilisez YouTube, c'est le logo de cette plateforme qui apparaîtra au-dessous de votre vidéo.

Viddler vous permet également d'associer des mots-clés (ou *tags*) à vos vidéos, c'est-à-dire de marquer des séquences que vous jugez particulièrement intéressantes en plaçant dans le flux de données un petit point relié à un mot-clé, ce qui facilitera les recherches au cas où quelqu'un souhaiterait voir une séquence bien précise de la vidéo sans avoir à la visionner au complet. Par exemple, si je prépare un vidéoblogue d'une durée de 30 minutes sur le vin dans lequel je parle de trois cépages, et que vous n'êtes intéressé que par le 3e vin, vous pourrez visionner uniquement ce segment de la vidéo parce que j'aurai marqué dans le flux de données l'emplacement du début de chaque chronique.

YouTube a un parc d'utilisateurs plus vaste, ce qui peut constituer un net avantage. Vous pouvez effectuer des transferts d'un site à l'autre, ce qui est aussi facile à faire que de copier-coller le code d'intégration. C'est avec enthousiasme que je dis bravo à Viddler pour la façon dont cette plateforme s'occupe de ses utilisateurs. Vous êtes-vous déjà demandé comment certaines vidéos se retrouvaient sur la page d'accueil de ces sites ? YouTube est si énorme et submergé de soumissions de vidéos que les documents proposés sur sa page d'accueil sont généralement le fait d'une sélection aléatoire, de chance, de prospection de clientèle ou d'ententes réalisées à l'interne.

Étant donné que Viddler est plus petit, toutefois, son personnel est en mesure de déceler rapidement l'arrivée d'un nouveau talent sur son réseau et de l'encourager en affichant sa vidéo sur sa page d'accueil. Viddler n'attend pas que vous soyez célèbre. Ils vous donneront une chance pendant un jour ou deux s'ils estiment que vous avez du talent. Ils excellent dans ce domaine.

Ustream.tv

Il est impossible d'exagérer l'importance de Ustream, l'un des outils les plus puissants que j'ai utilisés pour développer mon capital-marque. C'est une plateforme qui permet de diffuser des vidéos en direct, mais le plus intéressant, c'est qu'elle est également dotée d'une fonctionnalité de clavardage qui vous permet d'interagir avec votre public en temps réel, ce qui ressemble beaucoup aux tribunes téléphoniques à la radio.

En quoi le contenu que vous affichez sur Ustream diffère-t-il de celui que vous publiez sur votre vidéoblogue, si c'est là votre médium préféré ? Songez à votre blogue comme à une présentation formelle, un discours préparé sur un thème prédéterminé dans lequel vous avez bien en main le message et le contenu. Une fois que vous l'avez enregistré, c'est terminé. Si des visiteurs souhaitent vous lancer un défi, vous demander des précisions ou faire des commentaires, ils le peuvent certainement, mais il se passera un certain temps avant qu'ils obtiennent une réponse. Et lorsque vous communiquerez avec eux, vous devrez peut-être leur rafraîchir la mémoire. Et si vous décidez d'y répondre dans une vidéo de suivi, ce sera dans l'espoir qu'ils reviendront pour entendre ce que vous avez encore à leur dire.

Une vidéo publiée sur Ustream vous permet de parler de votre marque de la façon dont vous le feriez pendant un cocktail, en déambulant dans la salle et en découvrant ce que les gens pensent. En clavardant avec votre auditoire pendant que vous diffusez votre matériel en direct, vous pouvez faire vivre au consommateur une expérience interactive puissante et stimulante avec votre marque. Même la télévision en direct ne permet pas cette immédiateté. C'est très attirant, les gens adorent savoir qu'ils peuvent vous parler en tête-à-tête. Et c'est gratuit ! Ustream est un autre exemple classique de plateforme virtuelle qui permet de développer une image personnelle et un produit sans débourser un sou, tout en touchant ensuite un revenu appréciable.

Natasha Wescoat est une artiste connue pour ses paysages naïfs et ses personnages fantaisistes. Elle est de plus en plus populaire depuis qu'elle utilise les médias sociaux pour rejoindre son public et communiquer avec les collectionneurs et les acheteurs potentiels. Par conséquent, son chiffre d'affaires a connu une croissance de l'ordre de 50 % en 6 mois, et celle de son réseau d'affaires a été de l'ordre de 80 %. Outre Twitter, elle utilise Ustream.tv pour montrer ses tableaux à partir de son studio. Tout a commencé par un essai, mais en l'espace d'une semaine, des utilisateurs se sont mis à lui acheter des œuvres directement, pendant qu'elle était en ligne. Depuis, elle utilise cette plateforme comme un outil de vente en studio et à l'encan. En permettant aux utilisateurs de la regarder peindre, elle les amène à acheter directement ses œuvres, séance tenante.

Le pouvoir du bouche à oreille s'accroît

Il y a encore quelques autres outils qui peuvent accroître le potentiel du bouche à oreille.

Tout comme il serait dommage de décider que le Chardonnay est votre vin préféré alors que vous avez à peine goûté à d'autres cépages, vous devriez essayer toutes les plateformes afin de déterminer celles qui vous conviennent le mieux. À mes débuts, Chriss Mott, mon caméraman, passait des heures chaque soir à publier mon blogue sur chaque plateforme que j'utilisais. Heureusement, il existe maintenant deux sites qui vous simplifieront beaucoup la vie.

Ping.fm est un service qui vous permet de publier une seule fois une quantité limitée de texte, telle qu'une mise à jour, et qui le distribue ensuite à n'importe lequel de plus de 30 sites de réseautage social, incluant Twitter, Facebook, Tumblr, Flickr, Wordpress, Jaiku, FriendFeed, MySpace et Del.icio.us. Actuellement, ce service n'accepte pas de vidéos, mais cette fonctionnalité sera bientôt disponible.

Si vous êtes un vidéoblogueur, vous devez avoir un compte TubeMogul. C'est un site Web sur lequel vous déposez votre vidéo une fois et qui le distribue ensuite gratuitement à d'innombrables sites de partage de vidéos. Il offre également une fonction de suivi qui vous fournit une analytique sur les gens qui visionnent votre matériel, sur quels sites et à quelle fréquence?

L'analytique

J'utilise rarement l'analytique et je vous conseille vivement de ne pas trop vous y fier, surtout si vous avez du flair en affaires. Souvent, les statistiques et les pourcentages reliés à mon entreprise ne sont pas représentatifs de ce que me dit mon instinct, et je fais toujours plus confiance à mon instinct qu'aux chiffres. Que ferez-vous si votre analytique vous dit qu'il n'y a eu que sept visionnements de votre vidéo sur Break.com au cours des deux derniers mois ? Cesserez-vous de publier votre matériel sur cette plateforme ? Les données vous disent que vous devriez probablement l'abandonner, mais ce que vous ignorez, c'est que l'un de ces sept visiteurs est le producteur du *Today Show*. Il n'y a aucune raison de croire que cela ne peut pas arriver.

Les chiffres peuvent devenir un piège qui influera sur votre comportement. Il n'est pas rare que des gens qui n'ont eu que 50 visiteurs en quelques semaines décident qu'ils sont nuls et cessent tout effort. Ou bien leur vidéo fait fureur et a été visionnée mille fois et ils pensent soudain qu'ils ont réussi et cessent tout effort.

Les chiffres peuvent être utiles, bien entendu, mais le résultat de vos interactions en ligne et l'enthousiasme que vous procure le développement de votre marque ne sont pas directement proportionnels au nombre de gens qui vous regardent. Ce n'est pas tant le nombre d'utilisateurs qui compte, mais la passion qui les anime. Si vous consultez l'analytique, ne lui accordez pas plus d'importance qu'à des détails mineurs. Concentrez plutôt toute votre attention sur le positionnement global de votre image personnelle.

Facebook Connect est un service qui permet aux nouveaux utilisateurs de votre site de sauter le long processus d'enregistrement d'informations personnelles – jusqu'à aujourd'hui, combien de centaines de fois avez-vous rempli des cases vous demandant votre nom, votre adresse, votre mot de passe, etc. ? – en l'important directement de leur page Facebook. Il permet également d'aller chercher les données de leur profil et leur évite la corvée de tout retaper sur le nouveau site. Donc, Facebook Connect permet à votre auditoire de gagner beaucoup de temps. De plus, lorsqu'un membre de Facebook clique sur le bouton « Connect with Facebook »[5], un message sera envoyé à ses amis sur leur fil de nouvelles et sur leur mur, les informant qu'ils sont maintenant des utilisateurs de votre site.

J'ose espérer que vous comprenez pourquoi c'est une bonne chose. Les gens qui ont des goûts similaires à ceux de votre nouvel utilisateur voient ce fil de nouvelles et pensent : *Hum, qu'est-ce que c'est que ça ?* et ils vont consulter votre contenu. Si vous racontez bien votre histoire et créez un contenu génial, il n'y a pas de raison que ces utilisateurs ne reviennent pas et qu'ils n'invitent pas leurs amis.

L'utilisation de Facebook Connect augmentera bientôt de façon significative. Cette plateforme permet des interactions et la création de sites Web si rapides qu'elle a le potentiel de devenir aussi omniprésente et nécessaire que votre téléphone cellulaire et votre compte de courriel.

Pour une liste exhaustive des autres outils et applications disponibles, allez à www.some

5. « Établit la connexion avec Facebook ».

whatfrank.com/2008/12/social-media-my.html

Et consultez ces blogues :

TechCrunch

ReadWriteWeb

GigaOm

SocialTimes

Endgaget

Différenciez-vous

Tout ce dont nous avons parlé dans ce livre jusqu'à maintenant – la passion, la connaissance de soi, l'image personnelle, le bouche à oreille – a de tout temps eu une importance cruciale dans la réussite d'une entreprise. Les sites de réseautage social ont changé les règles du jeu uniquement en donnant aux entrepreneurs une raison d'abandonner les plateformes publicitaires et les médias traditionnels devenus chancelants pour privilégier une méthode de communication qui leur ouvre des marchés encore inaccessibles, il y a quelques années seulement.

En fait, votre seule présence sur ces plateformes ne vous place pas nécessairement devant la concurrence, car la majorité des entrepreneurs comprennent maintenant la nécessité de posséder un compte Twitter ou Facebook, sans parler de toutes les autres plateformes dont nous avons discuté. Donc, comment faire pour vous différencier de tous les autres clowns ? (Bien entendu, je n'utilise pas ici le mot « clown » dans un sens péjoratif.) Il suffit de créer un excellent contenu, et de le faire à votre manière avec les outils que je vous ai proposés.

Les vitamines peuvent vraiment donner de l'énergie à votre organisme, mais elles ne vous feront aucun bien si vous n'incorporez pas l'exercice, une bonne alimentation et même des vaccins à vos habitudes de vie. Il en va de même avec toutes ces plateformes. Chacune d'entre elles, individuellement, renforce votre image personnelle et votre couverture, et si vous les utilisez simultanément de façon appropriée, elles pourront faire de vous une force avec laquelle il faudra dorénavant compter.

Ensuite, vous devez reconnaître qu'un bon contenu et un accès à Internet ne suffisent pas pour hisser votre entreprise au sommet. Beaucoup de gens ont d'excellents contenus et tout le monde a accès aux mêmes outils. C'est ce que les autres n'ont pas (même s'ils croient le contraire) qui fait toute la différence, et c'est ce dont nous parlerons dans le prochain chapitre. Après tout, beaucoup de gens savent jouer du piano, mais ils ne peuvent pas tous être un Billy Joel.

sept

Restez vrai… très vrai

L'authenticité

Je vous ai conseillé d'écouter votre ADN, mais bien que le concept de l'authenticité y soit étroitement relié, ce n'est pas la même chose. Votre ADN vous dicte votre passion – ce pour quoi vous êtres né. Mais être authentique, et être perçu comme tel par votre auditoire, repose sur votre habileté à demeurer fidèle à vous-même chaque fois que vous prenez une décision relativement à votre entreprise.

Par exemple, j'adorerais changer l'ouverture de mon émission. Je commence toujours à peu près de la même manière : « SALUT TOUT LE MONDE ET BIENVENUE À WINE LIBRARY TV. JE SUIS VOTRE HÔTE, GARY VAY-NER-CHUK, ET CECI, MES AMIS, EST UNE ÉMISSION DU TONNERRE, AUSSI CONNUE COMME L'ÉMISSION SUR LE VIN LA PLUS PASSIONNÉE DE L'INTERNET. » Ce n'est pas exactement ce que les amoureux du vin recherchent chez un œnologue, et je perds environ 12 % de mon auditoire dès le début parce que je hurle comme un maniaque.

Pour un homme d'affaires tel que moi, ce chiffre est inacceptable. J'aimerais modifier l'ouverture de mon émission et faire une entrée en matière plus calme, plus raffinée et qui ne fait pas fuir les gens. Mais je ne le peux pas, parce que ce type hurlant et survolté, c'est ce que je suis. Si je tentais de me mettre un bémol et de me rendre attirant aux yeux de ces 12 % qui fuient, je peux vous garantir que tout ce que j'ai construit jusqu'à maintenant commencerait à s'effriter, car chaque fois que je m'installerais devant la caméra Flip, je jouerais la comédie. Et je ne me donne pas en spectacle lorsque je réalise mon émission ou mon blogue, je ne fais qu'être moi-même.

Investissez dans ce qui est important

L'une des questions les plus idiotes que l'on me pose est : « Quelle sorte de micro utilisez-vous ? » Ce à quoi je réponds : « Mais pourquoi vous soucier de ça ? » Le contenu n'a rien à voir avec le micro, la caméra, l'éclairage ou le décor. Le jour où j'ai tourné ma première émission, j'ai envoyé le garçon d'entrepôt acheter une caméra vidéo de 400 $ chez Best Buy (aujourd'hui, j'utilise une Sony sophistiquée qui vaut plusieurs milliers de dollars, quoique j'ai enregistré la plupart de mes dernières émissions avec une caméra Flip de 150 $ et le résultat est bon). Regardez mon vidéoblogue, que voyez-vous ? Vous me voyez, moi, parfois accompagné d'un invité fabuleux de la trempe de mon père, de Wayne Gretzky ou de Jim Cramer, quelques bouteilles de vin et un crachoir à vin à l'effigie des Jets. Je n'investis en matière de temps et d'efforts que dans ce qui compte à mes yeux et ce qu'il faut pour créer un bon contenu.

Mon vidéoblogue, Garyvaynerchuk.com, est encore plus épuré. Je l'enregistre souvent dans mon bureau, qui est généralement en désordre. Je pourrais faire du rangement pour avoir l'air plus professionnel et sérieux, mais je ne vois pas pourquoi je le ferais uniquement parce que la caméra Flip tourne. Rien n'est écrit d'avance et il n'y a pas de mise en scène ; je fais tout en une seule prise. Pas de prise deux, pas de montage, rien. Il y a des gens qui entrent et qui sortent de mon bureau, je fais signe à d'autres qui passent dans le hall : tout ce qui peut arriver pendant le tournage est exactement ce que verra mon auditoire. J'ai tourné des vidéoblogues sur des balcons, dans des chambres d'hôtel, dans la rue, et même dans le bureau de mon éditeur – partout où une idée me traversait soudain l'esprit. Parfois, la qualité sonore laisse à désirer, tantôt, l'éclairage est mauvais. Mais cela ne me dérange pas, tant et aussi longtemps que je passe mon message et que j'estime le faire avec authenticité.

Il y a eu une époque où les gens très célèbres étaient filmés de façon tellement soignée et artificielle qu'il était presque impossible de percevoir leur vraie personnalité. Chaque mouvement était chorégraphié, tout comme leur vie amoureuse, et même lorsqu'ils ne défilaient pas sur le tapis rouge, ils semblaient toujours être prêts à le faire. Cette époque est révolue. Les célébrités d'aujourd'hui, celles qui connaissent un succès fou en se rapprochant de leurs admirateurs, que ce soit à l'écran ou en ligne, veillent à demeurer elles-mêmes. Peu importe les sphères que vous visez, c'est votre authenticité qui fera votre charme, qui poussera les gens à visiter votre site et à parler de votre image personnelle, de votre service ou du produit que vous offrez.

Si vous voulez dominer dans l'univers des médias sociaux, vos efforts doivent venir du cœur ; et ils ne pourront venir du cœur de la façon passionnée, irrésistible et vraie qu'il convient si vous tentez d'être quelqu'un d'autre. L'authenticité est ce qui vous permettra de persévérer et de réussir haut la main.

La ténacité

J'ai dit et redit que si vous vivez votre passion et exploitez au maximum les outils de réseautage social, les occasions d'en tirer profit se présenteront d'elles-mêmes. J'ai également dit que pour réussir, vous devez être certain que votre contenu est le meilleur dans sa catégorie. On peut très bien gagner beaucoup d'argent en étant le 4e de sa catégorie, ou même le 9e, mais si vous voulez vraiment dominer la concurrence et faire fortune, vous devez être le meilleur. Faites cela, soyez le meilleur, et personne ne pourra vous déloger.

Mais il y a une exception. L'individu qui est moins passionné, qui a moins de talent et qui présente un moins bon contenu peut littéralement vous damer le pion s'il est prêt à travailler plus longtemps et plus dur que vous. C'est ce qu'on appelle la ténacité. Si vous n'en avez pas, il vaut mieux remballer vos jouets et rentrer à la maison.

Je parie que la majorité des gens qui ont choisi de lire ce livre se considèrent comme des abatteurs de besogne. Un grand nombre d'entre vous en avez probablement plus qu'assez des heures de travail infernales, des horaires inflexibles et des patrons exigeants qui sont souvent l'apanage du monde des affaires, et vous pensez que l'entrepreneuriat sera en quelque sorte moins épuisant. Je déteste vous décevoir, mais si vous cherchez à vous la couler douce, vous vous faites des illusions. Vous aurez sans doute plus de liberté pour organiser votre emploi du temps et vous consacrer à temps plein à la création de votre image personnelle, mais sachez, en tenant pour acquis que vous faites bien les choses, que vous vous userez les yeux devant votre ordinateur. Peut-être pensiez-vous que votre ancien patron était un tyran, mais si vous voulez réussir en affaires, votre nouveau patron devra tenir de l'exploiteur.

Trop de gens refusent de se faire à l'idée de travailler chaque jour, de mettre chaque moment libre à contribution. L'individu qui gagne de l'argent grâce aux médias sociaux ne travaille pas pendant trois heures pour ensuite passer le reste de la soirée devant sa console Nintendo. C'est là ne souscrire qu'en paroles au dur labeur.

Mais cette qualité qu'est la ténacité a un avantage. Elle met tout le monde sur un pied d'égalité. Il y a 15 ans, vous aviez peut-être déjà une idée bien précise de votre passion et votre ADN, mais vous n'aviez qu'une chance sur un milliard d'en tirer des revenus – les plateformes et les canaux de distribution étaient tout simplement trop étroits et trop bien gardés. Mais nous pouvons maintenant tirer profit de la prolifération d'extraordinaires plateformes numériques, et gratuites, sur Internet, et de leur accessibilité universelle. Et il n'y a plus rien de phénoménal à réussir sans relations familiales, ni argent ni éducation, car tout le monde peut le faire. Ce sont la passion et la ténacité qui font toute la différence.

N'allez jamais croire qu'il est inutile de vous mesurer à quelqu'un qui a plus d'argent ou de crédibilité que vous. Le chiffre d'affaires de votre entreprise n'est peut-être que d'un million de dollars alors que celui de votre principal concurrent est de 50 millions, mais si vous travaillez plus dur que lui, vous gagnerez avec le temps.

Tout ce qui est insensé a un prix. Si vous voulez sérieusement développer votre image personnelle, oubliez le Wii. Vous n'aurez pas de temps à consacrer au Scrabble, à un club de lecture, au poker ou au hockey. Vous prendrez bien sûr le temps de manger, de vaquer à vos activités essentielles et de jouer avec vos enfants, mais autrement, vous serez chaque jour devant votre ordinateur jusqu'à 3 heures du matin. Si vous êtes sans emploi ou à la retraite et que vous pouvez travailler toute la journée, alors vous pourrez peut-être vous arrêter à minuit. Attendez-vous à ce que ce soit très accaparant.

En fait, si vous vivez votre passion, vous voudrez être accaparé par votre travail. Vous n'aurez pas le temps de vous détendre devant la télé, affalé sur le canapé avec un plat de maïs éclaté sur les genoux, mais vous n'en éprouverez pas le besoin. Vous ne serez ni stressé ni fatigué. Vous serez détendu et plein d'énergie. Votre passion et l'amour qu'elle vous inspire vous permettront de consacrer au travail le nombre d'heures nécessaires à la réussite. Vous perdrez la notion du temps, vous irez vous coucher à contrecœur et vous vous lèverez le matin rempli d'enthousiasme à l'idée de vous remettre au travail. Vous vivrez et respirerez votre contenu, vous approfondirez vos connaissances sur votre sujet, vos outils, vos concurrents, et vous parlerez sans discontinuer avec des gens qui partagent votre passion.

Cependant, ne vous attendez pas à des résultats immédiats malgré tout l'acharnement que vous y mettrez.

Et ceci nous amène au principal problème qui désarçonne même le plus astucieux des entrepreneurs qui tente de créer sa marque sur le Web.

La patience

Quatre-vingt-dix pour cent des gens qui communiquent avec moi me servent cette rengaine : « Je travaille dur pour ériger mon entreprise, je fais tout pour réussir et rien ne se passe. À quoi bon continuer ? » Je leur demande alors depuis combien de temps ils y travaillent. En général, ils répondent : « Six semaines. » Six semaines ? On n'érige pas une entreprise en six semaines, ni même en deux ou six mois. Si vous communiquez avec moi moins d'un an après avoir lancé votre entreprise pour vous plaindre qu'elle ne vous a pas rapporté ce que vous espériez, c'est que vous ne m'avez pas écouté. J'ai dit que vous pouviez gagner beaucoup d'argent en étant heureux, je n'ai pas dit que vous le feriez du jour au lendemain.

Les gens m'écoutent parler de ce qu'il faut faire pour monétiser leur image personnelle et, parfois, j'ai l'impression qu'ils filtrent les passages qu'ils ne souhaitent pas entendre. Ils pensent : *J'ai une passion et je peux travailler aussi dur que n'importe qui. La patience ? Je laisse ça aux autres, je vais les écraser en un rien de temps.* Mais la patience est justement l'ingrédient secret. Une fois que vous aurez créé votre site, vous ne voudrez pas l'effacer et recommencer, reculer et hésiter. Ce serait faire preuve d'un manque d'assurance et de stupidité. Si vous êtes patient, vous serez plus enclin à planifier soigneusement votre contenu et à vous assurer que tout est en place avant de passer à la vitesse grand V pour monétiser votre marque.

Tout le monde fait tout un plat avec le fait qu'il ne s'est écoulé que 18 mois entre le lancement de Winelibrary.com et mon apparition à l'émission *Late Night with Conan O'Brien*. J'ai commencé à enregistrer des épisodes de mon émission en 2006, bien avant que les vidéoblogues ne deviennent populaires sur Internet. Mais si la majorité des gens avaient, comme aujourd'hui, possédé un iPhone et visionné régulièrement des vidéos en ligne, il m'aurait fallu beaucoup moins de temps pour apparaître sur leur radar. Toutefois, même si je semble avoir obtenu des résultats très rapidement, je peux vous assurer que l'ensemble du processus m'a pris un temps fou.

Vous vous rappellerez que je n'avais que 16 ans lorsque j'ai commencé à travailler au Shopper's Discount Liquors et à conseiller des vins aux clients, alors que je ne pouvais pas encore en consommer moi-même. Cependant, je savais que pour apprécier le vin, et par conséquent être capable d'en vendre et d'en parler avec confiance, il fallait développer un bon palais. J'ai alors lu toutes les critiques de dégustation qui paraissaient dans le magazine *Wine Spectator* et j'ai appris à distinguer les profils de goût de produits que je pouvais aisément trouver au supermarché ShopRite, comme les poires, les papayes, les cerises, le chocolat et les mûres.

Toutefois, je ne me suis pas arrêté là. J'ai exploré des goûts plus exotiques, comme ceux du cassis et de la framboise noire en conserve (récemment, j'ai découvert les baies de goji… excellentes). Mais il y a plus. Les critiques disaient parfois déceler dans le vin des notes de cigare, de poussière, et même de chaussette mouillée. Je savais qu'ils faisaient cette affirmation à vue de nez – il était impossible qu'ils aient goûté à une chaussette pleine de sueur – et j'ai pensé : *eh bien, si je dois dire un jour qu'un vin goûte la vieille chaussette, ne vaudrait-il pas mieux que je sache de quoi je parle ?* J'ai donc entrepris mon éducation. Lorsque j'ai eu 21 ans, mon palais était déjà incroyablement développé, même si je n'avais bu du vin qu'à de très rares occasions.

Lorsque j'ai commencé à caresser l'idée de créer Wine Library TV, et plus tard Garyvaynerchuk.com, je savais qu'il me faudrait la même dose de patience et de méthodologie pour me familiariser avec les médias sociaux qu'il ne m'en avait fallu pour apprendre à connaître l'univers du vin.

C'est également la patience qui m'a aidé à assurer la croissance de Wine Library. J'avais 22 ans et je dirigeais une entreprise dont le chiffre d'affaires était de 10 millions de dollars. Je le faisais en utilisant les bonnes vieilles méthodes. Je tirais pleinement parti de la visite de chaque client. S'il entrait dans le magasin pour acheter une bouteille, il en ressortait généralement avec trois. Et mon salaire était de 27 000 $ par année. La majorité des jeunes gens qui ont su porter de 4 à 10 millions de dollars le chiffre d'affaires d'une entreprise estiment mériter une montre, une voiture et un bel appartement en récompense de leur perspicacité et de leur dur labeur. Oubliez ça. Vous arrivez en dernier. Avant de songer à votre petite personne, vous devez investir dans votre avenir à long terme. Cela signifie que vos profits doivent être directement réinjectés dans vos recherches, votre contenu et votre personnel, si vous en avez un. Plus vous passerez rapidement à la caisse, moins vous aurez de latitude pour cimenter votre réussite. Alors, attendez le plus longtemps possible.

C'est pour cette raison que, aussi ambitieux et assoiffé de mégasuccès que je l'étais en tant que créateur d'entreprise, je n'ai pas regardé ailleurs pendant les 18 premiers mois de la diffusion de mon émission. Je n'ai pas cherché à faire de grosses transactions. J'aurais quand même probablement connu du succès si j'étais allé plus vite en besogne, mais en restant patient et en m'assurant que je savais exactement ce que je faisais, j'ai été en mesure d'éviter de revenir en arrière lorsque les premières offres d'allocutions, de consultation et d'investissements publicitaires se sont manifestées.

Comment quelqu'un comme moi, qui ne suis manifestement pas un gars patient, a-t-il pu se retenir aussi longtemps ? Parce que j'étais parfaitement heureux. J'adorais ce que je faisais. J'étais persuadé que mon entreprise allait connaître un succès retentissant. Mais même si j'avais frappé un mur, je n'aurais eu aucun regret, car je faisais exactement ce que je voulais faire, comme je le voulais.

Comprenez-vous maintenant pourquoi il est si important de bâtir votre entreprise autour de votre passion ? Si vous choisissez un créneau uniquement pour l'argent, vous ne survivrez pas. Cela représente trop de travail, vous n'y gagneriez que fatigue et frustration, et vous finiriez par plier. Vous devez penser à la création de votre image personnelle comme à un marathon, et non à un sprint. Il vous faudra davantage de temps pour constater des résultats, mais dans 7, 9 ou 15 ans, vous ne serez pas brisé, et vous adorerez encore ce que vous faites.

Que ferez-vous exactement qui sera à ce point exigeant en matière de temps et de travail ? Vous étudierez votre sujet, vous chercherez des plateformes, vous ferez des esquisses de blogues, vous ferez tout ce qu'il faut pour devenir le spécialiste et l'image personnelle les plus en vue dans votre domaine. Mais surtout, vous créerez une communauté.

huit

Créez une communauté : creusez votre tranchée sur Internet

Un grand nombre de gens se laissent complètement absorber par la conception de leur blogue et par la rédaction et l'enregistrement de leur contenu. Mais la création du contenu constitue l'étape la plus facile. Bien entendu, votre produit doit être aussi bon que possible, mais de tout le processus, c'est aussi l'élément qui devrait prendre le moins de votre temps. C'est dans la création d'une communauté que devrait aller la majeure partie de vos efforts, et c'est d'elle que découlera la majeure partie de votre succès.

La création d'une communauté a tout d'abord trait à l'amorce de conversations. Lorsque vous emménagez dans une nouvelle maison, vous faites la connaissance de vos voisins en sortant le soir et en serrant la main de gens qui marchent avec leur chien ou qui font du jogging, vous leur faites des compliments sur leur jardin, vous leur présentez votre progéniture si vous voyez qu'une petite famille ayant des enfants du même âge que les vôtres joue dans sa cour.

Si vous assistez à une conférence, vous faites la connaissance des autres participants en vous présentant et en leur serrant la main. Vous échangez des anecdotes et des informations, vous distribuez votre carte professionnelle. La création d'une communauté en ligne repose sur les mêmes principes. Pour créer un auditoire autour de votre image personnelle, il faudra vous faire connaître, serrer des mains et vous joindre à toutes les conversations en ligne qui traitent de votre sujet, partout dans le monde. Toutes. Sans exception.

Jared Montz est un joueur de soccer professionnel à la retraite qui s'est servi de pratiquement toutes les plateformes dont nous avons parlé dans cet ouvrage pour créer son image personnelle et la première académie virtuelle de soccer en Amérique, soit JMSoccer10.com. Même s'il comprenait à peine le fonctionnement de Facebook et ne détenait pas de compte Twitter lorsqu'il a commencé, il considère maintenant ces plateformes comme ses plus grands atouts, les utilisant pour créer une communauté de fans de soccer et d'amis, pour augmenter l'achalandage sur son site et pour informer ceux qui le suivent chaque fois qu'il affiche un nouveau blogue, vidéo ou balado (c'est exact, il utilise ces trois formats).

« Je vais au lit à 3 heures du matin, je me lève à 6 heures et ensuite je passe des heures à parler de soccer avec les membres de ma communauté. Je ne leur vends rien, je parle tout simplement de soccer. Ils découvriront par eux-mêmes ce que je fais sans que je les inonde de pourriels. » Son équipement ? Un ordinateur portable, la caméra de l'enfant de 6 ans de sa fiancée, un trépied et son iPhone. Tire-t-il profit de sa passion ? Voici ce qu'il dit : « C'est génial ! J'adore rencontrer des gens et des joueurs quelles que soient les circonstances, mais pour faire des affaires, le potentiel de ces plateformes est tout simplement effarant. Il faut y injecter du sang, de la sueur et des larmes, mais si on adore ce qu'on fait, ça en vaut la peine. »

N'importe quel sujet, aussi anodin soit-il, a sa tranchée sur Internet. Vous devez la trouver (Google est un bon outil pour commencer). Chaque soir, après avoir enregistré un épisode de mon émission, je passe les 8 ou 9 heures suivantes dans les tranchées de l'Internet qui traitent du vin, y puisant le plus d'information possible sur les gens qui parlent de vin ou de sujets et produits s'y rapportant : ce qu'ils ont dit, ce qu'ils veulent faire, ce qu'ils ont lu, ce qu'ils ont bu, ce qu'ils ont acheté, ce qu'ils ne recommandent pas. Et puis, je communique avec eux.

À un moment donné, votre entreprise commencera à attirer l'attention et votre communauté vous verra d'un autre œil. Alors que vous tentez actuellement d'établir un contact avec quiconque pourrait s'intéresser à votre passion, vous consacrerez plus tard ces heures de fin de soirée à répondre à des gens qui vous ont répondu. Créer et entretenir une communauté est un volet de votre entreprise que vous ne pourrez jamais fermer.

Je lis des centaines de blogues et je laisse des commentaires sur un grand nombre d'entre eux. Je passe des heures à clavarder dans des forums traitant de vin, je lis les commentaires des gens et je fais des commentaires à mon tour.

Vous allez faire la même chose. Voici comment :

Premièrement, créez votre blogue et diffusez-le par le biais de TubeMogul (vidéo) ou Ping.fm (liens), de manière à ce que votre contenu apparaisse sur toutes les plateformes de réseautage social disponibles.

Ensuite, commencez à prêter attention au contenu des autres. Vous utiliserez les outils dont nous avons discuté dans le chapitre précédent, comme Twitter Search, pour chercher toutes les références à votre sujet sur la Toile, et vous publierez des commentaires sur chaque blogue, forum et *tweet* que vous pourrez trouver. Mais vous ne vous exprimerez pas pour le seul plaisir de vous manifester. Vous êtes un expert, n'est-ce pas ? Vous adorez votre sujet et vous avez fait vos devoirs. Donc, vous afficherez des commentaires avisés, intrigants, réfléchis, provocants et intelligents en mentionnant votre nom et un lien conduisant à votre blogue.

Finalement, vous allez vous constituer un auditoire. Si vous avez le feu sacré lorsque vous parlez de votre passion, vous exciterez la curiosité des gens. Ils ne vous suivront peut-être pas immédiatement, mais s'ils vous voient apparaître assez souvent sur leur site, ils auront sans doute envie de consulter votre blogue. C'est là que vous les gagnerez.

Savez-vous comment consolider votre bassin d'admirateurs ? Prêtez-leur attention. J'ai souvent téléphoné à des gens lorsque cela m'apparaissait justifié ou approprié. C'est pour mes fans inconditionnels que je place parfois derrière moi un tableau noir pendant mes vidéoblogues – j'y inscris en code des messages personnels ou des blagues d'initiés. De simples petits gestes qui disent : *Hé !, je vois que vous êtes là et je l'apprécie* ont énormément de valeur.

La constitution d'un auditoire

Vous venez tout juste d'attirer sur votre blogue quelqu'un qui partage votre passion. Ce que vous ferez maintenant est très similaire à ce que je faisais lorsqu'un client entrait au magasin pour acheter une bouteille de vin et que je le renvoyais à la maison avec deux caisses : vous monétiserez chaque interaction. Dans votre cas, vous n'offrez rien à boire, mais vous leur donnez matière à réflexion, et en définitive, un sujet de conversation. Si votre contenu est soigné et intéressant, accrocheur et amusant – et si vous êtes le meilleur, et vous devriez l'être –, la majorité des gens qui découvriront votre blogue seront heureux d'en devenir des lecteurs, spectateurs ou auditeurs assidus. Facilitez-leur la tâche.

Nous avons traité de l'importance de l'interface-utilisateur et des boutons d'appel à l'action au chapitre 6. Les boutons d'appel à l'action sont :

- Abonnez-vous – il permet aux gens de recevoir un courriel chaque fois que vous affichez un blogue.
- Suivez-moi – il tient vos visiteurs informés de vos *tweets* et des mises à jour de votre statut.
- Devenez mon ami – il inscrit sur le fil de nouvelles de vos visiteurs qu'ils méritent d'être votre fan et il contribue à faire connaître votre site à un public plus vaste.
- Partagez – il permet à vos visiteurs d'inscrire aisément votre lien sur Facebook, MySpace, etc.
- Twittez ceci.
- Envoyez ceci par courriel.

Votre but à long terme est de ne pas vous faire oublier et de créer de plus en plus d'occasions de communiquer. Votre auditoire se joint à votre page d'amis. Il fait des commentaires sur votre blogue. Il en parle sur Twitter et Tumblr. Et puis, lentement mais sûrement, leurs amis le remarquent et commencent à faire la même chose, et les amis de leurs amis le remarquent à leur tour, et soudain, votre petite communauté devient une grande métropole.

L'importance du premier membre

Comment reconnaître que vous avez créé une communauté ? C'est simple ! Il suffit qu'une personne vous écoute. Au début, Wine Livrary TV n'avait que cinq spectateurs.

Ne devenez pas obsédé par le nombre d'amis ou de fans qui vous suivent, les statistiques ont peu de poids. Ce qui compte, c'est l'intensité des relations et des interactions que votre communauté entretient avec vous. Ici, la qualité des échanges est beaucoup plus révélatrice que le nombre de personnes qui y participent. Si votre contenu fait suffisamment parler les gens pour que cela fasse du bruit, je vous garantis que beaucoup d'autres personnes se déplaceront pour participer à la fête. Si vous voyez votre auditoire grossir, même

> modestement, au cours des quatre ou cinq premiers mois, c'est que vous êtes sur la bonne voie.

Le jour où vous constaterez qu'une personne vous lit, vous regarde ou vous écoute sera un jour de fête. C'est une sensation renversante que de constater que quelqu'un s'intéresse à ce qui se passe dans notre monde, notre vie, notre tête. Ne faites jamais comme si cette personne n'existait pas. Le pouvoir du bouche à oreille a une portée incroyable. Croyez-moi, il viendra un jour où cette petite communauté intime au sein de laquelle vous pouviez entretenir des conversations suivies et où vous pouviez apprendre à bien connaître les gens vous manquera. Cela me manque. (Mais je m'efforce encore d'aller y faire un tour chaque jour.)

Les prochaines étapes

Maintenant que vous avez créé une communauté, vous êtes prêt à lancer une formidable stratégie de marketing. Celle que j'utilise est la meilleure au monde et ne m'a jamais déçu.

neuf

La meilleure stratégie de marketing du monde

L'EMPATHIE

Vous avez des questions (posez-les en anglais) ? Envoyez-moi un courriel à gary@vaynermedia.com.

dix

Mettez-vous au monde

N'importe quelle passion peut être transformée en une entreprise rentable et durable avec l'aide des médias sociaux. Voyons comment nous pourrions jumeler tous les outils et concepts dont nous avons discuté jusqu'à maintenant de manière à créer une entreprise à partir d'un sujet amusant et excitant. Comme…

La comptabilité.

Supposons que vous commencez un lundi. Donc, ce lundi, le premier jour du reste de votre vie, vous ferez ce qui suit :

1. Allez sur Daddy.com et achetez votre nom (par exemple, prénomnom.com). Si votre choix n'est pas disponible, essayez votrenom.tv. En ce qui me concerne, j'ai eu de la chance avec un nom tel que Gary Vaynerchuk. Êtes-vous un comptable agréé qui s'appelle Robert Martin ? Désolé, Robert Martin, vous êtes cuit. Il y a de toute évidence quelqu'un qui a déjà acheté le nom de Robertmartin.

com ou Robertmartinca.com. C'est le moment de faire preuve de créativité. Pourquoi pas RobertSuper Budget.tv ?

Si vous êtes incapable de trouver un nom qui vous convient ou si tous les noms auxquels vous pensez sont déjà utilisés, envoyez-moi un courriel (en anglais) à gary@vaynermedia.com et nous ferons ensemble une petite séance de remue-méninges.

Si possible, achetez les noms de domaine.com *et*.tv. On ne sait jamais. Cela pourra vous servir un jour et rien ne vous oblige à les utiliser tous les deux. Pendant que vous y êtes, achetez ces mêmes noms de domaine pour vos enfants si vous en avez les moyens. De plus, notez que chaque fois que vous entendrez parler d'une nouvelle plateforme qui risque de devenir grand public, vous devrez y inscrire votre nom d'utilisateur (Twitter.com/ RobertSuper Budget, Facebook.com/RobertSuper Budget, etc.).

Je ne vois aucune utilité à acheter tout autre nom de domaine, comme.org ou.me, mais je peux me tromper. *Quel que soit le conseil que je vous donne dans cet ouvrage, laissez votre instinct vous dicter la meilleure marche à suivre. Écoutez votre cœur. Prouvez-moi que j'ai tort! Et si vous y parvenez, j'aimerais bien savoir comment vous vous y êtes pris.*

2. Ensuite, ouvrez un compte Wordpress ou Tumblr. Vous hébergerez le domaine que vous devez d'acheter sur l'un de ces sites de blogues.
3. Ensuite, embauchez un concepteur Web. Je sais, je sais, j'ai dit que l'enrobage n'avait pas d'importance. Mais ici, c'est l'exception à la règle. Ayant navigué sur un million de sites mal conçus, j'en suis venu à la conclusion qu'il vaut la peine d'investir pour s'assurer que les liens et les boutons sont bien placés. C'est l'unique volet de la création de votre entreprise pour lequel je vous exhorte à dépenser de l'argent. Vous voulez créer un contenu à partir de votre domicile, et tout ce réseautage a pour but d'attirer de nouveaux « clients » dans votre « magasin ». Si le magasin n'est pas un lieu agréable ou si les produits ne sont pas sur les bonnes tablettes, vous ne vous constituerez pas de clientèle, malgré tous les efforts et la sueur que vous y aurez mis. Imaginez que vous consacrez 900 heures à promouvoir l'ouverture de votre nouveau magasin et que des milliers de clients

éventuels se présentent, mais que vos ventes tout de même ont été minimes. C'est parce que votre design n'était pas au point.

Un tel service vous coûtera un peu d'argent (entre 1 000 et 5 000 $), mais ne vous en faites pas si votre budget est serré. Ne renoncez pas à lancer votre site uniquement parce que vous n'avez pas les moyens d'embaucher un concepteur. Commencez gratuitement et personnalisez-le plus tard.

Si vous utilisez Wordpress, vous pourrez choisir parmi d'innombrables « thèmes » ou modèles de sites gratuits. Je maintiens qu'un concepteur professionnel fera un meilleur travail, mais les thèmes de Wordpress sont néanmoins très bons.

4. Si vous voulez réaliser un vidéoblogue, achetez une caméra Flip à 150 $ – un appareil compact et léger, de préférence à haute définition (HD), que vous pourrez utiliser partout, en tout temps, selon l'inspiration du moment.
5. Créez une page d'amis sur Facebook.
6. Ouvrez un compte Twitter avec votre nom de domaine.
7. Si vous voulez réaliser une vidéo, ouvrez un compte sur TubeMogul. Si vous optez pour le blogue écrit, inscrivez-vous sur Ping.fm.
8. Commencez à créer votre contenu. Supposons que vous êtes charismatique, que vous avez une bonne présence à l'écran et que vous décidez de réaliser

une série de vidéos appelée *Le comptable s'amuse*. Chaque soir, vous afficherez une vidéo dans laquelle vous expliquerez les lois fiscales d'une manière unique, instructive et amusante. Vous éduquerez non seulement votre auditoire, mais vous révélerez aussi pourquoi vous êtes passionné par un sujet qu'on pourrait croire ennuyeux et hermétique.

Parlez de ce que vous voulez, tant et aussi longtemps que cela ne vous cause pas d'ennuis avec votre employeur. Par exemple, expliquez comment les changements récemment apportés à l'administration présidentielle ou les questions gouvernementales pourraient toucher le contribuable ordinaire. Que se passe-t-il vraiment si l'on ne respecte pas la date butoir du 15 avril ? De quels aspects fiscaux stratégiques une petite entreprise devrait-elle tenir compte avant de songer à la croissance ? Étoffez votre contenu. Il y a des gens évoluant dans votre sphère d'activité qui vous détesteront parce que vous offrirez cette information gratuitement alors qu'eux se font payer. Ce n'est pas grave. Lorsque vos visiteurs auront besoin de l'aide d'un comptable, avec qui croyez-vous qu'ils voudront faire affaire : avec le gars qui garde jalousement l'information pour lui, ou le gars qui a prouvé qu'il était ouvert, honnête et généreux ?

Trouvez un moyen d'insérer des anecdotes personnelles dans vos blogues. Inspirez-vous de votre propre vie pour illustrer les concepts dont vous parlez. Laissez votre personnalité briller, afin que même les gens qui n'ont pas besoin des conseils d'un comptable viennent vous écouter uniquement pour le plaisir.

9. *Tweet*ez ou affichez votre contenu via Ping.fm ou TubeMogul afin qu'il soit distribué sur toutes les plateformes que vous aurez choisies.

10. Allez sur Search.Twitter et lancez une recherche sur la terminologie comptable, comme « impôt », « épargne retraite », « comptes fournisseurs » ou tout autre terme pertinent, selon le sujet de votre blogue. Faites plusieurs suivis, en n'oubliant pas que Twitter ne vous permet pas de suivre plus de 10 % des gens qui vous suivent, ou encore mieux, @répondez publiquement.

11. Ensuite, allez sur Blogsearch.Google.com[1] (ou allez sur Google, cliquez sur « Plus » et puis choisissez « Blogs » sur le menu déroulant). Commencez par entrer des termes généraux, comme « impôt » et « dépôt de prospectus », et effectuez ensuite une recherche sur les mots-clés les plus évidents. Chaque fois que vous trouverez une mention de ces termes sur un blogue, laissez un commentaire et votre nom, ainsi qu'un lien conduisant à votre page d'accueil.

12. Cherchez le mot « comptable » sur Facebook. Cliquez sur « Affichez tous les résultats », et puis sur « Pages ». Il existe des centaines de pages d'amis; certaines comptent 9 membres, et d'autres

1. Service de recherche de blogues offert par Google.

des milliers. Joignez-vous au plus grand nombre possible de pages actives. Lorsque vous aurez terminé, cliquez sur « Groupes » et refaites la même chose. Bien que je ne vous recommande pas de créer votre propre groupe, il n'y a aucune raison pour que vous n'inscriviez pas votre nom dans les groupes préexistants dont les membres partagent votre passion.

13. Rincez et répétez.

Vous reprendrez les étapes 5 et de 8 à 12 encore et encore, tant que votre marque existera. Si cela vous semble fastidieux ou répétitif, fermez ce livre et faites de votre mieux pour jouir de la vie que vous avez, car vous n'êtes pas fait pour ceci. Toutefois, si vous êtes prêt à travailler dur et à faire preuve de ténacité, cette chasse ne vous épuisera pas, car chaque conversation que vous amorcerez sera une autre occasion de parler de ce que vous aimez plus que tout. Qu'y a-t-il d'ennuyeux dans tout ça ?

Encore quelques étapes

1. N'oubliez pas d'inclure une liste de tous les liens de votre réseau social (comme Twitter.com/GaryVee) dans votre signature de courriel et sur votre papier à en-tête et vos cartes professionnelles.

2. Veillez à placer un gros bouton bien visible sur votre site, disant « Voulez-vous faire affaire avec moi ? » ou quelque chose du même genre.

Nous avons comparé la création de votre image personnelle à un marathon, et non à un sprint, n'est-ce pas ? Donc, pour le moment, ce bouton ne sera là que pour vous rappeler votre but ultime. Il y a peu de chances que vous receviez des offres dès le début, mais on ne sait jamais. Alors que vous créerez votre communauté, il est plus probable que vous constatiez la progression suivante :

- Fans enthousiastes.
- Offres de produits gratuits de la part d'entreprises qui ont remarqué la croissance de votre bassin d'admirateurs.
- Transactions avec des individus suffisamment intelligents pour comprendre qu'ils doivent faire affaire avec vous pendant que vos tarifs sont encore abordables

L'un de mes mantras favoris est : « Tout est préférable à zéro », mais étant fidèle à ma nature contradictoire, permettez-moi d'ajouter que plus vous attendrez avant de monétiser votre blogue, mieux ce sera. La situation financière de chacun est différente et vous vous sentirez peut-être obligé d'accepter certaines des premières offres que vous recevrez, des offres venant d'annonceurs, par exemple. Essayez d'attendre, non pas uniquement parce que plus votre auditoire sera vaste et fort, plus vous pourrez exiger des tarifs élevés lorsque le moment s'y prêtera, mais parce que dès que vous vous concentrerez sur la monétisation de votre marque, vous commencerez nécessairement à prêter moins d'attention à votre contenu et à votre communauté.

Lorsque vous serez prêt, toutefois, les occasions de monétiser votre image personnelle seront renversantes.

onze

Commencez à monétiser

Jusqu'à maintenant, vous vous êtes concentré sur la création de votre image personnelle en créant un contenu génial et vous l'avez lancé dans le monde en générant une communauté, et ce, au moyen d'un courriel, d'un commentaire, d'un *tweet* et d'une mise à jour de statut à la fois. Lorsque vous sentirez que votre marque est bien établie et que les membres de votre auditoire ont fait de votre contenu un élément régulier, et même nécessaire, de leur communauté et de leur expérience en ligne, vous pourrez commencer à créer activement un flux de rentrées.

Contrairement à vos débuts, lorsque vous avez lancé un grand filet dans un grand bassin afin de capturer le plus grand nombre possible des poissons qui nagent dans l'océan des médias sociaux, vous allez maintenant plonger votre ligne dans de plus petits bassins. Soyez patient. Avec le temps, si vous êtes tenace, vous augmenterez votre présence et améliorerez vos habiletés au point où les poissons – de très, très gros poissons – vous sauteront directement dans les mains.

Voici quelques-uns des bassins de revenus qu'il convient d'explorer.

La publicité

On a beaucoup parlé du fait que les magazines et les journaux sont en mauvaise posture parce que les entreprises retirent leurs annonces publicitaires pour économiser en cette période de récession. Eh bien, c'est normal, le coût de l'espace publicitaire à la radio, dans les magazines et les journaux est exorbitant comparé aux revenus qu'il génère dans la conjoncture économique. Mais les entreprises doivent vendre pour survivre, et même si leur budget est un peu plus serré qu'autrefois, elles doivent tout de même dépenser quelques dollars pour rappeler aux consommateurs qu'elles existent. Si elles veulent vendre un produit, elles doivent faire de la publicité. Ce qui a changé, c'est qu'elles ne gaspillent plus leur argent en le lançant contre un mur et en attendant de voir ce qui y restera collé.

Il y a des centaines de milliards de dollars en revenus publicitaires qui n'attendent qu'un endroit où aller, et c'est sur Internet qu'ils aboutissent parce que c'est le médium qui offre le meilleur rendement du capital investi que puissent trouver les annonceurs. Rappelez-vous que là où vont les gens – les consommateurs –, l'argent suit, et rappelez-vous aussi qu'ils passent de plus en plus de temps dans la blogosphère. S'il y a une communauté active, énergique et passionnée qui passe du temps sur votre blogue, il n'y a pas de raison que les annonceurs ne veuillent pas également y dépenser une fraction de leur budget publicitaire.

Par exemple, supposons que vous êtes Jasmin le Jardinier et que vous vivez dans le nord de l'État de New York. Vous avez décidé de monétiser votre passion, les potagers. Vous avez laissé des commentaires et amorcé des conversations avec des milliers d'autres jardiniers passionnés et vous avez maintenant une réputation de jardinier averti et amusant. Vous êtes bon. Très bon. Des gens incapables de distinguer un brin de persil d'un brin de coriandre viennent maintenant sur votre site pour visionner l'épisode où vous vous servez d'un pistolet à eau pour défendre votre dernière tomate des assauts d'un écureuil affamé, pour ensuite vous la faire chiper par son complice qui était tapi dans l'ombre derrière vous.

Lorsque vous avez envisagé de rentabiliser votre site, votre instinct vous a d'abord dicté de vous inscrire sur Google AdSense, un service qui vous permet d'afficher sur votre site des annonces ayant un lien avec votre sujet et qui sont déjà diffusées sur Google. Je ne suis pas un grand fan de cette démarche, car ce genre de publicité est une source de distraction et fait paraître votre page encombrée et de mauvaise qualité. De plus, elle ne rapporte pas beaucoup. Cela me déçoit que tant de bons blogueurs en deviennent dépendants. Il y a des avenues beaucoup plus créatives à explorer.

Voici une meilleure idée : 1) insérez d'élégantes bannières publicitaires (à la decknetwork.net) dans le haut ou le bas de votre page d'accueil (n'en mettez pas trop !) ; et 2) allez sur Google.com, effectuez une recherche sur votre sujet et consultez tous les blogues et sites Web s'y rapportant afin de voir quelles entreprises paient pour afficher des annonces avec Google AdSense. Faites un appel de démarchage auprès de toute entreprise pertinente qui achète de l'espace sur

Google AdSense : des entreprises dépensent déjà leur budget publicitaire sur le Web, alors pourquoi pas sur votre site ? Vous trouverez une vidéo traitant de ce sujet sur GaryVaynerchuk.com : http://garyvaynerchuk.com/search/cold-call.

Les mandats d'allocution

Ensuite, commencez à prendre des mesures pour vous intégrer au circuit des conférences. Avez-vous une idée du nombre de congrès sur le jardinage et les fleurs qui se tiennent chaque jour dans votre pays ? Trouvez un thème ou un sujet original, communiquez avec les organisateurs d'un événement et offrez d'y prononcer gratuitement une allocution. Qu'est-ce que cela vous rapportera ? Le même capital social que vous rapporte votre merveilleux contenu en ligne. Cela vous donnera l'occasion : a) de parler de ce que vous aimez ; b) de bâtir votre crédibilité ; et c) de le faire devant un auditoire attentif, dont l'un des membres est peut-être l'organisateur d'un autre congrès ou d'une foire sur le jardinage qui, après vous avoir entendu, pourra avoir envie de vous proposer une participation rémunérée à son propre événement.

Vous devrez peut-être offrir vos services gratuitement à cinq ou six reprises, mais si vous maîtrisez votre sujet, les gens commenceront à espérer vous voir lors de ces rassemblements, et les organisateurs seront prêts un jour ou l'autre à vous payer, et seront même heureux de le faire. Cela pourra bien entendu vous prendre un certain temps avant d'en arriver là, mais vous êtes patient, n'est-ce pas ?

Les programmes d'affiliation

Vous pouvez également envisager de participer à un programme d'affiliation. Vous affichez ainsi sur votre site un lien qui conduit par exemple à un autre site de produits de jardinage et si quelqu'un clique sur ce lien et effectue un achat, vous obtenez une commission. C'est de l'argent facilement gagné. Pensez-y, une commission de 20 % sur une serre préfabriquée de 3 000 $ représente une somme de 600 $. Et qu'avez-vous fait pour toucher cette somme ? Pas grand-chose. Commission Junction est une bonne ressource pour qui s'intéresse aux programmes d'affiliation. Amazon aussi offre un excellent programme. Et il y en a beaucoup d'autres. Pour les découvrir, effectuez une recherche sur Google en tapant « programmes d'affiliation ».

L'un de mes sites préférés offre un nombre considérable de ces affiliations, et il les gère avec beaucoup d'élégance. Allez sur www.uncrate.com.

Une autre façon de générer des revenus consiste à créer votre propre affiliation avec une autre entreprise locale.

Jasmin le Jardinier pourrait communiquer avec le propriétaire d'une pépinière de sa région et conclure une entente qui lui rapporterait 10 % de chaque vente réalisée à la suite d'un clic publicitaire fait à partir de son blogue. Mais si vous estimez que c'est abuser du pain béni ou renier vos principes, ne mettez tout simplement rien sur votre blogue qui pourrait aller à l'encontre de vos croyances. Donc, vous ne vous affilierez pas avec une entreprise dont vous n'achèteriez pas vous-même les produits.

Une façon de désamorcer toute critique si vous affichez de la publicité ou des liens d'affiliation sur votre blogue consiste à indiquer sur votre site les raisons pour lesquelles vous appuyez ces entreprises. Si vous dites en toute honnêteté pourquoi vous croyez en un produit et pourquoi vous avez décidé d'offrir sur votre blogue des occasions de vente au fabricant de ce produit, la majorité des gens ne seront pas rebutés. De plus, la société est maintenant habituée au placement de produits au cinéma et à la télévision, et je crois que cette pratique deviendra de plus en plus courante dans toutes les formes de médias.

Le commerce de détail

Développez un produit que vous pourrez vendre, par exemple des gants de jardinage, des objets décoratifs, des savons, un insectifuge, quelque chose que vous aimez et que vous estimez pouvoir faire mieux que quiconque. Et plus amusant encore, vendez des articles à l'effigie de votre passion. Créez un t-shirt que vous paierez 5 $ et que vous vendrez 10 $. Si votre auditoire compte 10 000 membres et que 1 000 d'entre eux en achètent un, vous empocherez

5 000 $ et vos frais de production auront été minimes. De plus, il y aura ensuite des gens qui porteront, utiliseront ou montreront un article sur lequel sont inscrits le nom de votre blogue et votre adresse. Vous profiterez ainsi d'un marketing gratuit et du bouche à oreille.

Les articles

Dressez une liste des magazines imprimés et virtuels dans lesquels vous pourriez publier des articles. S'ils ne sont pas prêts à vous payer, offrez-leur de publier leur nom sur votre blogue en échange d'une publication. Communiquez avec des organismes sans but lucratif qui s'occupent d'alimentation et de nutrition, et proposez-leur d'écrire dans leur bulletin d'information. Parlez avec les responsables du marché fermier local et voyez s'il est possible de contribuer à la création d'une circulaire ou d'un blogue s'ils n'en n'ont pas déjà.

Les séminaires

Invitez les gens à venir jardiner avec vous et donnez-leur l'occasion de vous poser des questions. Offrez vos premiers ateliers à des prix relativement bas, mais une fois que votre réputation sera établie et que les gens verront des résultats dans leur jardin après avoir travaillé avec vous, vous pourrez augmenter vos tarifs. Organisez un événement autour de vos séminaires pour les rendre plus captivants : faites équipe avec un chef local qui cherche lui aussi à créer son image personnelle. À la fin de la séance quotidienne consacrée au jardinage, tous les participants pourraient se rassembler et cuisiner un magnifique repas végétarien. Invitez un représentant de la banque alimentaire locale à prononcer une allocution sur la façon d'aider les démunis en offrant des produits de leur potager. Organisez des sorties éducatives et invitez les écoliers de la région à passer une matinée avec vous.

Les livres et la télévision

C'est presque un cliché que de vous rappeler que les bons blogues peuvent vous aider à faire de bonnes affaires. De la critique de chaque recette du premier volume de *Mastering the Art of French Cooking* de Julia Child, à une liste satirique intitulée *Ce que les Blancs aiment*, en passant par une collection de photographies désopilantes montrant des aliments peu appétissants (voici pourquoi vous êtes gros)[1], les blogues sont très recherchés dans le monde de l'édition et ont fait leurs preuves dans l'univers des succès de librairie.

Et les vidéoblogues ont ouvert à certains auteurs les portes des studios de télévision. Amanda Congdon, qui a fait ses débuts en réalisant des vidéoblogues et en animant Rocketboom, a participé à de nombreuses émissions télévisées (elle a eu une entente pendant un certain temps avec ABC et HBO, mais il semble que celle-ci n'ait pas été reconduite) ; Perez Hilton, le célèbre blogueur, a sa propre émission vérité et continue à faire des apparitions à la télé. Andy Samberg a eu un énorme succès sur Internet avec sa troupe de théâtre Lonely Island avant de devenir une vedette de l'émission *Saturday Night Live*.

---

1. http://www.stuffwhitepeoplelike.com / http://www.thisiswhyyoure fat.com

Les mandats de consultation

Une fois que votre auditoire aura grandi et que votre blogue attirera suffisamment l'attention pour vous valoir une couverture médiatique, des revenus publicitaires et des demandes d'allocution lors de divers événements, attendez-vous à recevoir des demandes de conseils de la part d'autres blogueurs jardiniers. Au début, vous les offrirez gratuitement, mais si votre base de connaissances est très importante, vous pourrez un jour exiger une rémunération. Si vous avez la réputation d'une personne réglo et honnête, les gens réagiront favorablement, surtout si vous avez « réussi ».

À quoi ressemblerait ce processus si les jeux de société étaient votre passion ?

À un parcours plutôt agréable, en fait.

1. Lancez un vidéoblogue intitulé Jeux de société TV.
2. Envoyez un courriel à tous vos contacts et demandez-leur si vous pouvez emprunter les jeux de société qui dorment dans leur grenier.

3. Étudiez chaque jeu. Examinez l'emballage, retracez ses origines, déterminez ce que vous aimez et ce que vous n'aimez pas, découvrez son histoire.
4. Affichez vos commentaires sur votre blogue, en incluant pour chaque jeu un lien vers eBay. Vous toucherez une commission sur tous les achats effectués à partir de ce lien.
5. Continuez pendant quelques mois, et gagnez ainsi un peu d'argent.
6. Lancez Collectionneur du vendredi, un blogue dans lequel vous parlerez des jeux rares ou de grande valeur que vous ne possédez pas, mais qui sont peut-être en vente quelque part. Interviewez le vendeur.

7. Étoffez votre contenu pendant quelques mois et il est fort possible que le producteur du *Talk Show* vous demande de participer à l'émission et d'y parler de jeux de société ou de votre blogue.
8. Et puis, vous recevrez peut-être un appel de Parker Brothers, vous demandant de prononcer une allocution lors du congrès annuel de l'entreprise ou d'en devenir le porte-parole.

Cela peut arriver. Cela arrivera !

La publicité nouvelle formule

Quiconque réussit à créer un blogue sur le jardinage qui attire 10 000 visiteurs a parfaitement le droit de vouloir jouer dans la cour des grands. Il suffit d'acheter une pile de magazines sur le jardinage, de les feuilleter afin de voir qui sont les annonceurs, et puis d'écrire sur Twitter ou Facebook : « Hé, BMW, pourquoi dépensez-vous 50 000 $ pour une annonce pleine page dans *Home and Garden*, et ce pour un bien piètre rendement, alors que vous pourriez annoncer sur mon blogue pour seulement quelques milliers de dollars et en tirer un RCI (rendement du capital investi) phénoménal ? »

Faites du bruit

Vous pouvez faire encore une chose, mais il faut pour cela avoir un ADN particulier. Lancez votre site. Travaillez pendant quelques jours sur un contenu génial. Décrochez le téléphone, appelez les grosses agences de publicité et dites-leur ce que vous venez de faire. Expliquez-leur comment votre expertise et votre passion feront un immense succès de votre site. Dites-leur que vous leur donnez une chance incroyable de le commanditer tout au long de l'année à venir, pendant que vous êtes encore inconnu. Dans un an, vous pourrez vendre de l'espace publicitaire à 3 000 $ l'épisode, mais étant donné que vous avez besoin d'argent dès maintenant, vous cherchez un investisseur qui voudra grandir avec vous. « Appuyez-moi maintenant, et je vous jure une éternelle loyauté tout au long de ma carrière. »

Vous trouvez cela choquant ? Mais croyez-moi, quelqu'un le fait, quelque part. Dix personnes qui auront lu ce livre arriveront à le faire. Si c'est vous, faites-le-moi savoir en m'écrivant en anglais à gary@vaynermedia.com.

Comme vous pouvez le constater, il y a beaucoup d'argent à faire, bien qu'au compte-gouttes au début, en puisant à des sources déjà existantes.

Certains bassins que j'ai mentionnés sont moins profonds que d'autres et pourraient bien ne pas vous donner immédiatement le rendement dont vous rêvez – 50 $ ici, 300 $ là. Mais combien votre blogue vous rapporte-t-il en ce moment ? Rien ? Et vous refuseriez 50 $?

Dites-le avec moi : tout est préférable à zéro.

Cela ne signifie pas qu'il faut être prêt à faire n'importe quoi pour quelques dollars ni qu'il faut tourner le dos à cet argent si vous n'avez rien. Trop de gens croient être vraiment « quelqu'un » alors qu'ils ne sont rien dans le grand ordre de l'univers. Ne buvez pas à votre propre source, cela ne ferait qu'avoir un impact négatif sur vos décisions opérationnelles. Même si vous avez de grandes ambitions, commencez lentement, grandissez graduellement, grandissez intelligemment. L'argent sera au rendez-vous et, plus important encore, les occasions aussi.

douze

C'est parti !

Vous savez que j'aime la contradiction, et cela ne devrait donc pas vous étonner que l'un des plus importants concepts que je veux que vous gardiez à l'esprit soit diamétralement opposé à certaines des idées que j'ai partagées avec vous jusqu'ici.

Je n'ai cessé de répéter que pour créer une entreprise gagnante, vous devez vivre pleinement votre passion. C'est vrai. J'ai dit que si vous ne planifiez pas votre avenir et ne déterminez pas avec précision ce que vous voulez réaliser, vous êtes cuit d'avance. C'est encore vrai. Mais ce qui est également vrai, c'est qu'aussi engagé, obsédé et axé sur votre but qu'un entrepreneur doit l'être, vous devez être prêt à adopter ce que j'appelle une « attitude réactionnelle », ce qui signifie essentiellement que vous devez être capable de vous adapter et de changer.

C'est ici que bon nombre d'entreprises et de gens d'affaires perdent la partie, en refusant d'admettre leurs erreurs ou en négligeant de prévoir ce qui pourrait avoir un impact négatif sur leurs affaires. Dans la vie, rien ne se passe jamais exactement comme nous l'avions prévu, et ceci vaut également pour les rêves et les buts professionnels que l'on a soigneusement planifiés. Une attitude réactionnelle vous permettra d'apporter des corrections cruciales à votre trajectoire lorsque le paysage commencera à changer.

Soyez prêt à vous adapter

Vous seriez étonné du nombre d'entrepreneurs qui sont incapables de s'ajuster à des environnements changeants, et c'est pour cette raison qu'il y a tant d'entreprises qui n'exploitent jamais pleinement leur potentiel. J'en suis constamment témoin. Une personne ambitieuse et talentueuse décide qu'elle deviendra la Martha Stewart des sandwichs pour enfants, et puis tout à coup, elle se rend compte en cours de route que son auditoire est surtout composé de buveurs de bière qui suivent religieusement son blogue.

Au lieu de tenir compte de ce public et de s'adapter, elle ferme les yeux et continue de proposer des sandwichs au fromage épicé en forme de poisson. Peut-être réussit-elle bien avec la portion de son blogue qui traite de la nourriture pour enfants, mais imaginez à quel point son entreprise pourrait prendre de l'ampleur si elle passait une journée par semaine à préparer des sandwichs qui se prêteraient parfaitement à ces joyeux rassemblements qui s'improvisent souvent autour du hayon arrière d'une camionnette.

La cuvée Cristal est le parfait exemple, tiré de la vraie vie, d'une marque qui a inutilement tiré un trait sur son positionnement. Au début des années 1990, ce champagne haut de gamme a été adopté avec enthousiasme par la communauté hip-hop. Mais au lieu d'exploiter cette avenue, l'administrateur de la marque a affirmé, dans le cadre d'une entrevue réalisée par *The Economist*, qu'il préférait ne pas associer son champagne aux rappeurs et à leurs fans, disant: « On ne peut pas interdire aux gens d'acheter du champagne. Je suis certain que Dom Pérignon et Krug seront ravis d'obtenir leur clientèle. » Il avait une occasion en or d'accaparer une importante part de marché et il l'a tuée dans l'œuf, car des personnalités du monde artistique telles que Jay-Z ont été offensées à juste titre par son attitude et ont organisé un boycottage de la marque qui s'est révélé très efficace.

Limitez les dégâts

Mais sachez qu'une attitude réactionnelle n'a aucun lien avec les médias sociaux – n'importe quel entrepreneur devrait l'adopter, et cela, même s'il a décidé d'éviter complètement les réseaux sociaux (une idée stupide, mais qu'un grand nombre de marques bien établies cultivent pourtant). D'un autre côté, toutes les plateformes de réseautage social renforcent votre habileté à réagir, non seulement en vous permettant de guider votre marque vers les créneaux ou les groupes d'intérêts adéquats, mais aussi en vous outillant pour limiter les dégâts. Par exemple, on m'a vu partout sur ESPN après le repêchage de la NFL lorsque les Jets de New York ont choisi Mark Sanchez, une décision que j'ai huée. J'ai eu l'air de désapprouver fortement ce choix et ce joueur, ce qui n'était pas le cas.

En fait, je ne connaissais pas les détails de la transaction et lorsque j'ai vu que l'équipe était passée de la 17e place à la 5e dans le classement, j'ai supposé que les Jets avaient payé très cher l'annexion de Sanchez, et c'est ça qui me dérangeait.

Mais il est bientôt apparu que ce n'était pas le cas non plus. Mais peu importe, je me suis senti mal à l'idée que tout le monde, incluant Mark Sanchez s'il m'avait vu, ait pu mal interpréter ma réaction. Il y a cinq ans, j'aurais été incapable de renverser cette perception erronée, mais grâce aux médias sociaux, dès le lundi suivant, j'ai pu utiliser ma plus grande plateforme, Wine Library TV, pour exprimer clairement ma pensée.

Un exemple plus pertinent est celui de Domino's qui a utilisé YouTube pour réagir à la publicité négative dont elle avait souffert après que deux employés aient réalisé une vidéo d'eux-mêmes en train de faire des choses dégoûtantes avec la nourriture avant de la servir aux clients. Beaucoup de gens se sont servis de cette histoire pour illustrer les désavantages des médias sociaux, car deux idiots avaient été capables de ternir l'image d'une entreprise aux yeux de milliers de consommateurs en l'espace de quelques minutes seulement. Mais Domino's n'a pas souffert.

Quiconque ayant un peu de jugement sait pertinemment que des crétins sont à l'œuvre partout et qu'une mésaventure de ce genre peut arriver à n'importe quel restaurant, qu'il s'agisse d'un établissement de restauration rapide ou de la plus chic des salles à manger. Personne ne veut qu'on joue avec sa nourriture, et lorsque cela se produit, les employés responsables devraient bien sûr être punis. Mais dans ce cas particulier, le geste des employés n'a pas nui à la marque. En vérité, je crois que Domino's l'a plutôt consolidée en faisant preuve d'un fort instinct réactionnel.

Je respecte la rapidité avec laquelle l'entreprise s'est engouffrée dans les tranchées et a réagi en utilisant le même médium qu'on avait emprunté pour l'attaquer, c'est-à-dire une vidéo diffusée sur YouTube. Bravo à son PDG, Patrick Doyle qui, dans son discours, apparaît comme un homme d'affaires plutôt traditionnel qui tente hardiment de combattre le feu par le feu (la prochaine fois, M. Doyle, essayez de regarder la caméra, oubliez un peu votre texte et improvisez ; cela fait toute la différence). Il n'est pas nécessaire que les dirigeants d'entreprises et les gestionnaires tiennent une réunion stratégique avec leur service des relations publiques afin de discuter de la façon de régler un problème de cet ordre. Ils devraient savoir ce qu'ils doivent dire, et puis le dire. Pour réagir adéquatement à une telle situation, il faut savoir faire preuve de rapidité, d'honnêteté et de transparence.

J'y ai vu pour Domino's une excellente occasion de renverser la situation à son avantage. Cette entreprise, et toutes celles qui évoluent dans le secteur de la restauration rapide, devraient diffuser en direct ce qui se passe dans leur cuisine de manière à ce que tout le monde soit au courant, incluant les clients qui font la queue pour commander une pizza. À mon avis, cette façon de s'adapter à une nouvelle réalité – dans laquelle les téléphones cellulaires et les caméras Flip (qui seront bientôt fusionnés, vous verrez) trouveront toujours le moyen de se faufiler dans les coulisses – serait un exemple extraordinaire d'attitude réactionnelle.

Donnez forme à votre histoire

Grâce aux plateformes de réseautage social, votre histoire sera racontée, sans filtre, que vous le vouliez ou non. Vous ne pourrez plus exercer un contrôle sur le message, mais ce n'est pas une mauvaise chose en soi, à moins que vous ne travailliez pour une entreprise de relations publiques à l'esprit très étroit. À mon avis, le plus grand obstacle auquel se bute aujourd'hui la majorité des marques institutionnelles est leur dépendance à leur service de relations publiques. Elles sont terrifiées à l'idée de transmettre un message non filtré, alors qu'elles devraient s'en réjouir. Chaque employé de chaque entreprise devrait avoir un compte Facebook et pouvoir parler de son travail et de son entreprise (et de tout ce dont il a envie).

Laissons les gens protester, laissons-les exhaler leurs frustrations. N'attendez pas le jour où vous lui annoncerez son congédiement pour découvrir ce que pense réellement un employé ; prenez le pouls de votre entreprise et apportez des changements sur-le-champ. Oui, il existe des sites Web conçus expressément pour permettre aux gens de suspendre leur linge sale sur leur propre corde à linge. C'est une bonne chose que de donner à vos employés la possibilité de communiquer. Si vous les muselez, vous ne faites qu'affaiblir votre marque de l'intérieur en limitant votre accès à l'information.

Lorsque vous savez ce que les gens disent et pensent de votre marque, vous pouvez réagir. Si de fausses informations circulent, vous pouvez les corriger. Si votre image personnelle suscite des éloges, vous pouvez montrer que vous les appréciez. Si vous constatez une certaine confusion, vous pouvez donner des précisions. Cette responsabilisation ne se limite pas à votre personnel ni à vos clients. Il n'y a pas si longtemps, vous étiez à la merci des médias, vous n'aviez aucun contrôle sur la façon dont ils racontaient votre histoire à moins qu'ils ne daignent vous demander votre version.

Si vous n'aimiez pas le tableau qu'ils brossaient de votre entreprise, vous aviez en quelque sorte les mains liées. Maintenant, vous êtes outillé pour vous défendre, avec votre blogue et Facebook et Twitter. Vous pouvez maintenant tenir une conférence de presse en ligne sur Ustream, alors qu'il y a dix ans, rien ne garantissait qu'un journalise y assiste, armé d'une caméra de télévision.

Sachez reconnaître les tendances

Certains entrepreneurs s'affairent à créer le prochain produit qui fera fureur. Pas moi. Je m'efforce plutôt de prévoir ce que sera ce fameux produit et à en tirer le meilleur parti. À mon avis, apprendre à réagir aux tendances sociales et culturelles tient d'une décision organisationnelle majeure.

Certaines personnes ont un flair inné pour déceler les nouvelles tendances. J'ai toujours été capable de sentir si une chose allait se développer. Cela a été le cas avec les cartes de baseball, les jouets de collection, le vin, Internet et le blogue vidéo, et je suis certain que je saurai reconnaître la prochaine tendance lorsqu'elle se manifestera. Je cherche de l'inspiration partout. Récemment, j'ai remarqué que certains enfants utilisent des feutres pour dessiner des tatouages sur leur corps, créant ainsi des graffiti corporels. De temps en temps, je mets à profit les 45 minutes qu'il me faut pour me rendre au travail pour me demander pourquoi les enfants dessinent leurs propres tatouages. Et puis en avril, lors de ma Croisière du tonnerre (une croisière que je propose à mes fans), nous avons accosté aux Bahamas et j'ai remarqué une longue file d'attente au stand de tatouage pour enfants de l'hôtel Atlantis.

Si j'avais été un fabricant d'encre, j'aurais songé à commercialiser une marque d'encre biologique, non toxique, bonne pour la peau et sans danger pour les enfants, et je me serais emparé du marché du tatouage juvénile. Cette longue file d'attente m'a également fait comprendre que les parents sont nettement prêts à amorcer ce virage. Je ne suis pas la personne idéale pour inventer le produit qui comblerait ce besoin sur le marché, mais si vous l'êtes, faites-le-moi savoir.

Adopter une attitude réactionnelle, c'est aussi toujours tenir compte de la signification sous-jacente d'un changement culturel. Supposons que vous assistez à une fête et qu'une amie vous dit qu'elle va annuler son abonnement au câble télé. En entendant cela, votre radar devrait s'allumer. Annuler son abonnement au câble ? Personne n'aurait fait une chose pareille il y a deux ans. Que se passe-t-il donc ?

Si vous n'avez pas encore compris, permettez-moi de vous dire pourquoi c'est important : cela signifie qu'il n'y aura bientôt plus aucune différence entre regarder une émission à la télé et une vidéo sur Internet. Cable on Demand, Netflix, TiVo, YouTube et Huhu ont déjà repoussé les frontières en augmentant la durée de vie des films et des émissions télé et en rendant caducs les horaires de programmation des réseaux de télévision, et la prochaine étape sera encore plus spectaculaire.

Bientôt, Comcast ou Time Warner annoncera le lancement d'un nouveau canal qui diffusera des vidéos sur le Web. Vous pourrez utiliser votre télécommande pour effectuer des recherches par sujet. Et l'enfant qui dessine des tatouages sur son bras pourra taper « graffiti corporel » et apprendre que 45 émissions différentes sur cet art sont diffusées sur Internet. Il pourra ainsi créer sa propre expérience télévisuelle, et non plus se contenter d'avaler ce que les stations de télé ont décidé de lui servir.

Si vous diffusez justement un blogue sur les graffiti corporels qui attirait au début 5 000 visiteurs, vous aurez soudain la possibilité de rejoindre des centaines de milliers de personnes. L'individu qui gère son entreprise en adoptant une attitude réactionnelle – qui demeure à l'affût des tendances, qui s'adapte aux marchés et qui tire avantage des nouvelles occasions de communiquer qui s'offrent à lui – est alors susceptible de toucher sa part du magot que les médias sociaux génèrent.

Grâce au réseautage social, nous avons maintenant accès à des données très révélatrices, en temps réel et en direct, qui nous permettent de diriger notre navire avec beaucoup de précision en fonction des tendances, et de transformer les défis en occasions. Mais cette attitude réactionnelle ne se limite pas aux affaires réalisées par le biais des plateformes de réseautage social. Quel que soit le prochain phénomène qui viendra changer le visage du monde des affaires, votre capacité d'adaptation sera cruciale si vous voulez en tirer parti.

treize

L'héritage que vous laisserez est inestimable

Il n'y a pas si longtemps, seuls les gens qui se trouvaient sous les feux des projecteurs devaient se soucier de contrôler leur message. Ils avaient recours à des équipes de stylistes et de publicistes pour modeler leur image, et les médias agissaient davantage comme gardiens que comme mouchards – personne n'était au courant de l'aventure extraconjugale de notre président, ni de la dépendance à la drogue d'un acteur, ni des transactions secrètes conclues par un important homme d'affaires. Cette époque est révolue, non pas uniquement pour les gens célèbres, mais aussi pour chacun d'entre nous. Maintenant, nous évoluons tous sous les feux des projecteurs, nous nageons tous en rond dans un aquarium que nous avons fabriqué nous-mêmes. Avec chaque courriel, vidéo, blogue, *tweet* et mise à jour de statut, nous étoffons le documentaire de notre vie en temps réel.

Pour l'individu qui pense à lui en tant que marque – et rappelez-vous, chacun d'entre nous doit commencer à le faire – l'habileté à faire connaître ses idées géniales et à partager ses réussites est une occasion en or. Mais bien entendu, il y a un inconvénient à tout ça. En effet, si vous cafouillez ou faites des erreurs, vous n'aurez nulle part où vous cacher. Le public accepte parfois de pardonner, mais au lieu de tester sa générosité, je vous conseille vivement de toujours veiller à bien peser chacune de vos décisions avant d'agir.

Je sais que ce conseil peut sembler découler de l'évidence même, mais je tiens également pour certain que de nombreuses personnes ont beaucoup de difficulté à se projeter dans l'avenir. Les entrepreneurs qui réussissent sont comme de bons joueurs d'échecs ; ils sont capables d'imaginer les diverses possibilités et le prochain mouvement de leur adversaire. Cependant, trop de gens ne voient pas plus loin que le bout de leur nez (pire encore, ils ne s'en soucient guère, comme ces PDG qui savent qu'ils partiront à la retraite dans trois ans et qui souhaitent uniquement que le cours de l'action de leur entreprise augmente, peu importe les conséquences à long terme pour cette dernière). Ils ne pensent qu'au moment présent.

Cette mentalité est à l'origine de bon nombre de décisions irrationnelles, le genre de décisions qui peuvent faire sombrer une image personnelle. Lorsque vous vivez votre passion, votre but ultime est bien entendu le bonheur parfait, mais j'estime que ce bonheur demeurera inaccessible si vous n'êtes pas conscient qu'avec chaque décision que vous prenez, vous érigez davantage qu'une entreprise, mais que vous bâtissez un héritage.

Pour tous ceux d'entre nous qui ont un ADN ambitieux, compétitif et affamé de succès, le désir de pousser notre image personnelle aussi loin que possible est une seconde nature. Mais je vous garantis que vous échouerez si vous n'abordez ce projet que sous l'angle financier. La façon dont vous érigez votre entreprise est beaucoup plus importante que le revenu que vous en tirez. Oui, je veux acheter les Jets. Oui, j'ai l'intention de tirer pleinement profit de ma passion. Mais pendant que je développe ma marque, que je gagne de l'argent et que je travaille pour atteindre mes objectifs, je suis toujours hyper conscient du fait que chacun de mes gestes est consigné pour l'éternité.

Cela m'ennuie un peu que tous les jurons que j'emploie dans mes vidéoblogues feront partie de mon histoire, mais je dois accepter ce fait parce c'est ainsi que s'exprime mon ADN lorsque je suis sous les feux des projecteurs. Je veux être fier de ce que je fais. Je veux que mes enfants, mes petits-enfants et mes arrière-petits-enfants soient fiers de moi. C'est pourquoi je pèse chacune de mes décisions en songeant à cet héritage que je laisserai, matériel et immatériel. Est-ce que cette transaction me fera gagner de l'argent ? Oui ? Très bien. Serai-je fier de la façon dont j'ai gagné cet argent ? Oui ? D'accord, je vais de l'avant. Mais si la réponse à ces questions est « non », j'arrête tout, toujours. L'héritage est prioritaire pour moi.

Cette obsession que je nourris à l'égard de l'héritage que je laisserai devrait vous faire comprendre pourquoi je m'efforce de répondre à chaque courriel, *tweet*, ping ou commentaire. À mes débuts, j'avais l'habitude de le faire en l'espace de quelques heures. Maintenant, le volume de ma correspondance a tellement pris d'ampleur qu'il me faut plusieurs mois avant de répondre à tout le monde, mais je vous assure que j'essaie toujours de le faire. S'il m'arrive de prendre du retard parce que je suis trop occupé ou que j'ai un horaire de déplacements infernal, je tourne une courte vidéo dans laquelle j'explique ce qui se passe et promets de répondre à tout le monde dès que possible.

Je sais que beaucoup de gens estiment cette correspondance démentielle. Au début, ils trouvaient cela plutôt charmant, mais maintenant, ils pensent que je suis fou. Après tout, je suis sur le radar du réseau social. Je ne suis peut-être qu'une célébrité de catégorie triple Z, mais j'estime pouvoir dire que j'ai bâti seul mon image personnelle et que j'ai obtenu un auditoire passionné et loyal grâce à ma persévérance et à mon travail acharné. Bien sûr, des amis bien intentionnés ont tenté de me dire que les gens comprendraient que je délègue cette correspondance, ou même que je commence à répondre personnellement de façon sélective.

Mais ça ne fonctionne pas ainsi. Pas dans mon monde, en tout cas. Peu importe votre popularité, chaque courriel, chaque client, chaque ami, chaque individu avec qui vous entrez en contact a de l'importance et mérite respect et attention. Et ce n'est pas parce qu'on ne sait jamais qui sera plus tard un bon contact ou une bonne ressource, quoique ce soit une vérité en soi, mais parce que c'est important. Point. Si quelqu'un prend le temps de communiquer avec vous, vous avez l'obligation de lui rendre la pareille.

Ceci étant dit, la vérité est que le volume de ma correspondance a atteint une telle ampleur que je crains de devoir faire quelques ajustements pour y répondre, mais rassurez-vous, je trouverai un moyen de demeurer accessible pour mes amis et mes fans.

L'héritage constitue le mortier d'une image personnelle prospère et durable. Je le sais depuis l'époque où je travaillais dans le commerce de détail. Un jour, je me suis rendu compte qu'une cliente de Westchester, dans l'État de New York, n'avait pas reçu sa caisse de Zinfandel blanc. Nous étions le 22 décembre et il était impossible que Fedex puisse lui livrer la marchandise à temps pour Noël. Notre service des commandes avait bien entendu reçu une plainte, mais parce que ce n'était pas une cliente régulière et que sa commande n'était pas particulièrement importante, personne n'avait pris la peine de m'en parler.

Lorsque j'ai eu vent du problème, il n'y avait plus qu'une solution possible. J'ai mis une caisse de Zinfandel blanc dans ma voiture et j'ai roulé pendant trois heures sous une neige aveuglante jusqu'à la résidence de la dame. Ai-je mentionné qu'elle vivait dans l'État voisin ? Que c'était la période la plus occupée de l'année pour nous ? Que mon temps était beaucoup plus précieux au magasin que pendant ce trajet de six heures ? Et croyez-moi, il n'y avait aucune stratégie commerciale derrière mon geste. La cliente était une dame âgée qui vivait très loin, qui organisait manifestement peu de fêtes et qui n'allait pas faire de nous son fournisseur de vin attitré.

Toutefois, je savais que c'était à moi de donner le ton dans notre entreprise, et que c'était là une excellente façon de le faire. Notre culture organisationnelle a commencé à prendre forme le jour où j'ai livré cette caisse de vin à cette femme. Je m'inspire de la même philosophie lorsque je réponds à tous les courriels que je reçois, sans exception. Établir des liens, créer et entretenir des interactions significatives avec les gens, que ce soit en personne ou dans le monde virtuel, est l'unique raison pour laquelle nous existons. Rappelez-vous : donnez le ton et bâtissez un héritage.

Conclusion

Le moment est maintenant, le message est éternel

Les entrepreneurs d'aujourd'hui construisent maintenant sur des fondations qui ont à jamais changé le visage de notre société, et je ne parle pas uniquement de Twitter, de Tumblr et de YouTube. Les changements sont beaucoup plus profonds. Le plus grand paradoxe entourant Internet, c'est qu'autant il nous permet de nous isoler et de nous limiter à ce que nous croyons répondre à nos besoins spécifiques immédiats, autant il nous permet de communiquer comme jamais et de nous projeter au-delà des frontières les plus lointaines. Les gens en sous-estiment encore la portée.

Le réseau Internet n'a que 14 ans environ – il est si jeune qu'il n'a pas encore eu de rapports sexuels –, et pourtant il a déjà accaparé un grand nombre des plus importantes plateformes de communication que l'humanité connaît, et ce n'est pas terminé. Internet est aussi puissant que l'oxygène, mais nous n'avons pas encore vu tout ce dont il est capable. Une longue route s'étale devant lui, et il changera et se transformera pour nous révéler toutes sortes de surprises. Vous devez être prêt à évoluer et à vous adapter.

Quoi que vous fassiez, ne prenez pas au mot tout ce que je dis dans cet ouvrage. J'y ai exposé un plan détaillé du processus qui vous permettra de tirer profit de ce que le réseau Internet a à vous offrir maintenant, un processus qui a très bien fonctionné pour moi. Mais dans six mois, l'environnement virtuel aura encore changé. Si vous voyez quelque chose – une plateforme, une tendance, une structure sociale – qui déclenche votre radar, vous devrez absolument vous engager sur cette voie. N'ayez jamais peur de plonger dans ce bassin, même si je n'en ai pas parlé. Écoutez votre ADN – il vous guidera toujours dans la bonne direction.

S'il y a un message que je veux que vous reteniez, c'est que le véritable succès – financier, personnel et professionnel – repose avant tout sur l'amour que vous éprouvez pour votre famille, sur le travail acharné et sur votre passion. Sur l'histoire que vous raconterez. Sur votre authenticité, votre ténacité et votre patience. Sur le soin jaloux avec lequel vous vous occuperez des petites comme des grandes choses. Sur la priorité que vous accordez à votre héritage, au détriment de l'argent. Les médias sociaux peuvent actuellement jouer un rôle important dans votre réussite, mais ce ne sera peut-être pas toujours le cas. Les principes du succès, cependant, sont éternels, quelle que soit la prochaine plateforme à voir le jour dans le monde des affaires ou le prochain phénomène social à déferler sur notre société.

Annexe A

Avez-vous oublié quelque chose ?

J'ai pensé qu'il serait utile d'ajouter ici une liste de contrôle de toutes les étapes de la création d'une image personnelle :

1. Déterminez quelle est votre passion.
2. Assurez-vous de disposer d'au moins 50 sujets de blogues pour l'étoffer.
3. Répondez aux questions suivantes :
   - Ma passion est-elle vraiment ce que je crois qu'elle est ?
   - Puis-je en parler mieux que quiconque ?
4. Donnez un nom à votre image personnelle. Il n'est pas nécessaire d'y faire référence dans votre contenu, mais vous devez en avoir une idée précise. Par exemple : « L'agent immobilier le plus honnête », « Le spécialiste des batteries de cuisine », « Le super

guide de la littérature pour jeunes adultes que les garçons adoreront».

5. Achetez votre nom d'utilisateur – .com et.tv si possible – auprès de GoDaddy.com.
6. Choisissez votre média : vidéo, audio, écrit.
7. Ouvrez un compte Wordpress ou Tumblr.
8. Embauchez un concepteur.
9. Ajoutez sur votre blogue un lien vers Facebook, des boutons d'appel à l'action, des fonctions de partage et un bouton invitant les gens à faire affaire avec vous.
10. Créez une page d'amis sur Facebook.
11. Inscrivez-vous à Ping.fm ou TubeMogul et sélectionnez toutes les plateformes sur lesquelles vous souhaitez distribuer votre contenu. Il est impératif de choisir Twitter et Facebook ; les autres dépendront de vos besoins et de vos préférences.
12. Affichez votre contenu.
13. Commencez à créer une communauté en laissant des commentaires sur les blogues et les forums d'autres personnes et en répondant aux commentaires que vos commentaires ont suscités.
14. Utilisez Twitter (ou Search.Twitter) pour trouver le plus grand nombre possible de gens qui parlent du même sujet que vous, et communiquez avec eux.

15. Utilisez la fonction de recherche de blogues sur Google et découvrez d'autres blogues reliés à votre sujet.
16. Sur Facebook, joignez-vous au plus grand nombre possible de pages actives de fans et de groupes qui traitent de votre sujet.
17. Répétez les étapes 12 à 16 encore et encore et encore et encore et encore.
18. Refaites-le.
19. Encore une fois.
20. Lorsque vous estimerez que votre image personnelle retient suffisamment l'attention et est assez solide, mettez-vous à la recherche d'annonceurs et commencez à monétiser.
21. Amusez-vous.

Annexe B

Cinq idées que je n'exploiterai pas, elles sont à vous

Je crois que la diffusion en direct (le *livestreaming*) est le véhicule de l'avenir. Par conséquent, la majorité des nouvelles entreprises seront à mon avis érigées sur cette plateforme. Voici quelques avenues dans lesquelles je ne m'aventurerai malheureusement pas, même si je crois qu'elles offrent un potentiel énorme. Voyez ce que vous pouvez en faire.

Un canal d'achats sur Internet

Je n'arrive pas à croire que cela n'a pas encore été fait sérieusement. Ustream.tv et Justin.tv sont des plateformes gratuites qui ont repris le concept de la télévision en direct. Un excellent vendeur pourrait y voir une occasion en or de lancer un canal d'achats efficace sur le Web. Trouvez un bon animateur (ou animez vous-même l'émission), accueillez parallèlement des invités – inventeurs, entrepreneurs, auteurs

– et parlez de tout ce que vous jugez intéressant ou utile ou excitant. Il n'est même pas nécessaire d'avoir des partenariats avec des fournisseurs pour lancer une telle émission.

Il suffit de proposer un lien d'affiliation avec tous les produits que vous jugez aptes à la vente. Un jour, les fournisseurs vous supplieront de leur accorder du temps d'antenne. De plus, vous n'aurez pas besoin d'un centre d'appels pour gérer les relations avec la clientèle et les ventes. Pendant que vous ou votre animateur parlerez d'un produit, un bouton apparaîtra au bas de l'écran, permettant aux gens de cliquer pour acheter. Inutile de dire que vous tiendrez des archives et répartirez les produits en catégories, de manière à ce que les consommateurs puissent aisément trouver des épisodes antérieurs et faire leurs emplettes à leur guise.

Un blogue sur le thé

Je crois que le marché du thé aux États-Unis est sur le point d'exploser, et pour l'individu qui souhaite éduquer et distraire la population, il y a là une merveilleuse occasion de construire un site qui ressemble beaucoup à Wine Library TV. Créez un club Thé du mois et le tour sera joué.

Un centre sportif sur le Web

Où se trouve donc l'émission-débat virtuelle sur les sports ? Je l'imagine très bien comme un passe-temps de collégiens – de cinq à dix étudiants qui discuteraient de sport en déambulant en direct d'un dortoir à l'autre sur Ustream.tv. Il est évident que vous ne pourriez pas concurrencer des chaînes comme ESPN, qui peuvent acheter les droits de diffusion des faits saillants de divers sports, mais vous pourriez certainement ébranler les stations de radio. Créez quelques personnages principaux qui fidéliseront votre auditoire.

J'adorerais voir deux frères (si seulement AJ et moi avions le temps de nous lancer dans cette aventure!) animer une mission-débat sur les sports avec tribunes téléphoniques 24 heures sur 24, un peu comme Mike et Mike sur ESPN, ou encore comme *Mike and the Mad Dog*, cette célèbre émission radiophonique qui a si longtemps tenu l'antenne à New York. Ou devenez le Don Imus du monde virtuel. Les annonceurs se précipiteront pour que leur nom soit mentionné pendant cette émission qui attirera des centaines de milliers de visiteurs. Imaginez: « Cette heure vous est offerte par Sport Experts ». Cela sonne bien, n'est-ce pas?

Des critiques littéraires en ligne

Je trouve cette idée très intéressante. Je songe à toutes ces librairies indépendantes qui clament haut et fort que les amoureux des livres devraient acheter chez elles parce qu'elles offrent un service personnalisé et compétent, même si leurs prix ne sont pas concurrentiels. Voici une occasion extraordinaire de fermer le clapet de ces géantes de l'industrie du livre: lancez un vidéoblogue quotidien consacré à la critique littéraire. Associez-vous avec deux ou trois lecteurs passionnés et amusants et parlez des livres que vous aimez, de prochaines parutions, des succès de librairie et aussi des ouvrages qui ne peuvent prétendre à ce titre. En même temps, offrez un rabais sur vos 100 ouvrages à succès. Diffusez le charme de votre quartier dans le monde entier. En utilisant votre blogue pour aller au-delà du marché local, vous donnerez un nouveau souffle à votre image personnelle et à votre entreprise.

pepsilandhousplace.com

Mais qu'est-ce que c'est que ça ? Ce n'est qu'un autre exemple d'adresse URL qu'une grande entreprise peut créer pour mousser sa marque. Si j'étais un gestionnaire de marque (j'adorerais dire qu'un PDG emprunte cette avenue, mais ce sont généralement les gestionnaires de marque qui descendent dans les tranchées), je créerais un site Web expressément dans le but d'attirer l'attention sur ma marque, un site que les consommateurs pourraient consulter pour obtenir de l'information et même des échantillons.

Il serait totalement indépendant du site de l'entreprise et vous permettrait de suivre l'évolution de votre campagne, et d'en évaluer l'impact. Vous pensez avoir déjà vu des sites spécifiquement axés sur une marque ? Mais vous n'avez jamais rien vu de tel, parce que celui-ci s'approprierait le pouvoir de Facebook. Créez une page de fans et annoncez un jeu ou un concours qui amènera les gens à interagir avec votre marque. En participant, ils obtiendront des échantillons gratuits et autres avantages. Combiner la portée de Facebook avec l'échantillonnage de produits est une chose que très peu d'entreprises font (si même il en existe). Le moment ne pourrait donc être mieux choisi.

WWW.GARYVAYNERCHUK.COM